I0751732

LES GRAVURES FRANÇAISES
DU XVIIIe SIÈCLE

PIERRE-ANTOINE BAUDOUIN

TIRAGE.

450 exemplaires sur papier vergé (nos 26 à 475).
25 — sur papier Whatman (nos 1 à 25).

475 exemplaires, numérotés.

N° 28

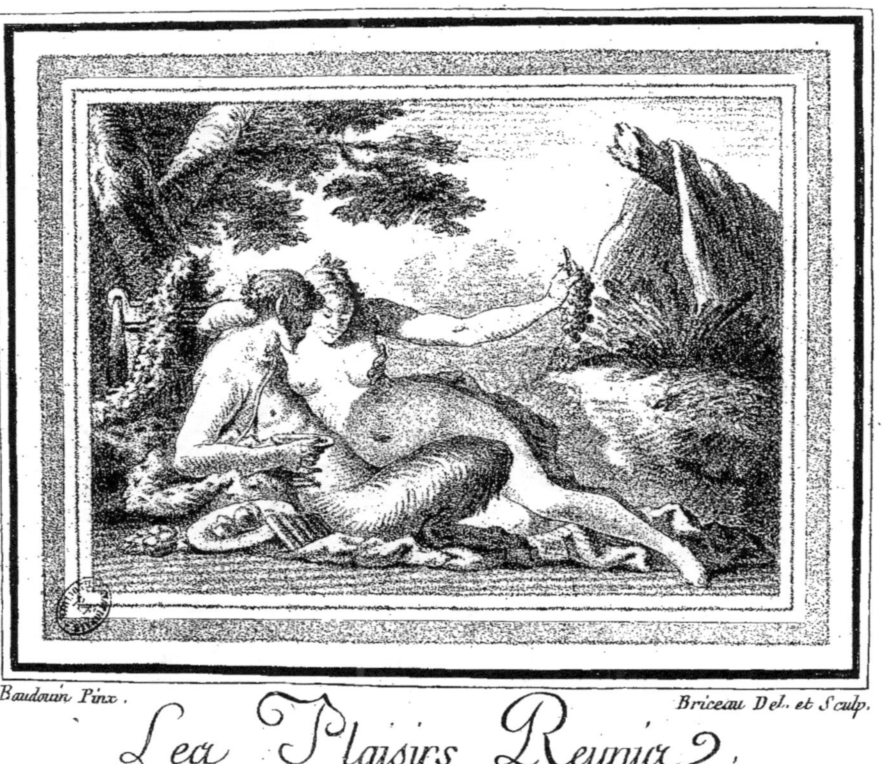

Baudouin Pinx. Briceau Del. et Sculp.

Les Plaisirs Reunis.

Imp. A. Durand _ Paris

LES GRAVURES FRANÇAISES DU XVIIIe SIÈCLE

OU

CATALOGUE RAISONNÉ

DES ESTAMPES, EAUX-FORTES, PIÈCES EN COULEUR, AU BISTRE ET AU LAVIS, DE 1700 A 1800

PAR EMMANUEL BOCHER

DEUXIÈME FASCICULE

PIERRE-ANTOINE BAUDOUIN

AVEC UNE REPRODUCTION HÉLIOGRAPHIQUE, D'APRÈS LE PROCÉDÉ DURAND, D'UNE DES PLANCHES LES PLUS RARES DE L'ŒUVRE, COMMUNIQUÉE PAR M. MICHELOT

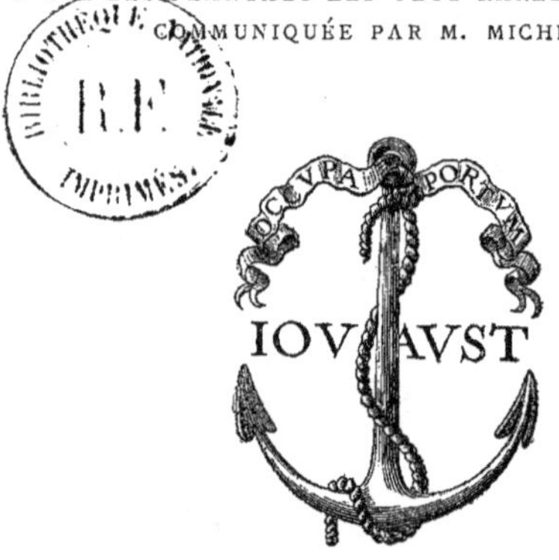

A PARIS
A LA LIBRAIRIE DES BIBLIOPHILES
Rue Saint-Honoré, 338
ET CHEZ RAPILLY, QUAI MALAQUAIS, 5

M DCCC LXXV

A MONSIEUR LE V^TE ÉTIENNE DE GANAY

Mon cher Étienne,

Voici le second Fascicule des « GRAVURES FRANÇAISES DU XVIIIe SIÈCLE », *comprenant tout ce qui est relatif à P.-A. Baudouin. Au moment d'écrire la dédicace de cette nouvelle étude, votre nom est venu si naturellement au bout de ma plume, que je le laisse là où il se trouve, à la tête de ces quelques lignes, au bas desquelles je vous renouvelle l'assurance de ma sincère affection et de ma bien vive sympathie.*

EMMANUEL *BOCHER.*

PIERRE-ANTOINE BAUDOUIN, né à Paris, en 1723, mort en 1769, dans la même ville.

RENSEIGNEMENTS BIBLIOGRAPHIQUES.

HISTOIRE DES PEINTRES DE TOUTES LES ÉCOLES DEPUIS LA RENAISSANCE JUSQU'A NOS JOURS. — Ve Jules Renouard. — ÉCOLE FRANÇAISE, n° 113. — P. A. BAUDOUIN, par CHARLES BLANC.

ABRÉVIATIONS.

D.	=	droite.	de pr.	=	de profil.
G.	=	gauche.	en B.	=	en bas.
H.	=	hauteur.	en H.	=	en haut.
L.	=	largeur.	fil.	=	filets.
M.	=	milieu.			
T. C.	=	trait carré.			

Un tiret perpendiculaire entre deux mots ou deux parties d'un même mot signifie qu'ils sont séparés par un interligne sur la planche.

Un tiret horizontal entre deux mots ou deux parties d'un même mot signifie que sur la planche décrite ces mots sont sur la même ligne.

La gauche et la droite sont toujours désignées relativement à la personne qui est censée avoir devant elle la pièce décrite.

Nous avons reproduit la lettre telle qu'elle se trouve au bas de chaque estampe, sans rectifier l'orthographe souvent fautive, et nous avons agi de même dans les extraits que nous avons pu faire des livres de l'époque. Si à chacune de ces fautes nous n'avons pas mis en regard le mot (*sic*), c'est que la répétition de cette remarque eût été fastidieuse et aurait surchargé par trop notre texte.

Pour tous les autres renseignements, se reporter au 1er fascicule (Catalogue de Lavreince).

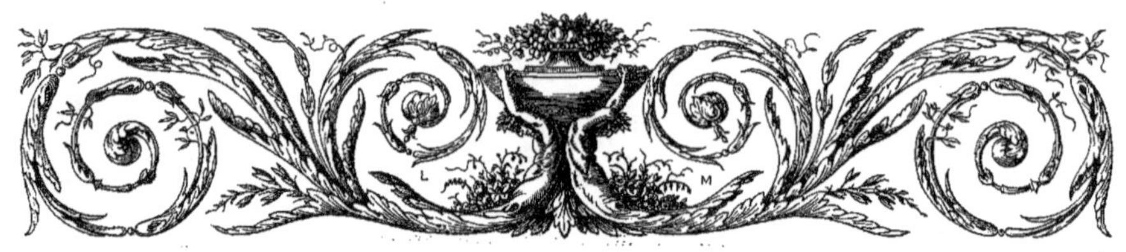

CATALOGUE DESCRIPTIF ET RAISONNÉ

DES ESTAMPES COMPOSANT L'ŒUVRE GRAVÉ

DE PIERRE-ANTOINE BAUDOUIN

(*) — *L'AGRÉABLE NÉGLIGÉ.* — *Voir ci-dessous la description de cette planche sous la rubrique :* LE LÉGER VÊTEMENT.

---

1. — (*ALLÉGORIE*).

Sur une plate-forme en pierre, exhaussée sur des marches, et près d'un autel, où est allumé le feu de l'hyménée, un jeune homme, à D., tête nue, une cuirasse sur la poitrine, tient par la main une jeune femme, de pr. à D. Au côté D. de la composition, Minerve, avec son bouclier. A G., sur une nuée, Diane donnant un ordre à un amour. Tout en H., dans l'Olympe, Jupiter et Junon, ayant à leur côté l'aigle et le paon mythologiques. Des amours enguirlandés volent de tous côtés, et l'un d'eux, assis sur une des marches qui se trouvent au premier plan de l'estampe, tient à la main un cœur enflammé. A G., dans le bas, trois personnages, dont l'un présente sur une coquille des pierres précieuses et des perles. — T. C.

P. Baudouin invenit.

H. 0^m164. — L. 0^m110.

Eau-forte, légèrement reprise au burin.

1er ÉTAT. Avant toutes lettres.
2e — Celui qui est décrit.

La planche de cette gravure existe encore à la chalcographie du Louvre, où on peut en avoir des épreuves.

Cette allégorie se trouve placée en tête d'un petit volume intitulé : *La Princesse | de | Navarre | Comédie Ballet | Feste donnée par le Roy | en son château de Versailles | le mardi 23 Février 1745 | de l'imprimerie | de Bal-*

lard fils, reçu en survivance de la charge | du seul imprimeur du Roy pour la musique | Par exprès commandement de sa majesté.

2. — (*ALLÉGORIE*).

En H. de l'estampe, un soleil dans son apogée, le zodiaque et un génie ailé, tenant dans sa main gauche le sceptre et la main de Justice; un autre génie tenant la couronne de France. Au M., en B., un médaillon représentant le roi Louis XV, reposant sur un autel votif, supporté, à G., par Hercule, à D., par la France. D'autres génies allégoriques entourent cette composition; on remarque entre autres, à D., le génie de la chasse, vêtu d'une peau de tigre, donnant du cor, et tirant à lui deux chiens accouplés. — T. C. un fil.

Gravelot delineavit. *P. Chenu sculpsit.*

H. 0m175. — L. 0m110.

1er ÉTAT. Celui qui est décrit.

2e — En B., à G., au-dessous du fil. *L'abbé de Petity invenit* — en H., à G., en dehors du fil. 62. Le reste comme à l'état décrit.

Cette allégorie se trouve au milieu d'un volume intitulé : *Etrennes | Françoises | dédiées | à la ville de Paris | Pour l'année Jubilaire | du Régne | de Louis le bien aimé | Par l'abbé de Petity Prédicateur de la Reine. | à Paris chez Pierre Guillaume Simon | imprimeur du Parlement | MDCCLXVI | avec approbation et Permission* — Elle précède un chapitre intérieur intitulé : *Tableau | allégorique | pour l'année Jubilaire | du Règne | de Louis le bien aimé.*

On lit à la fin de ce chapitre. — *J. E. Schenau pinxit.*

Baudouin Picturam miniatam fecit.

En se rapportant aux lettres gravées sous l'estampe, on en conclut que l'idée de cette allégorie appartient à *L'abbé de Petity*, que *Schenau* fut chargé d'en faire le tableau, *Baudouin* la gouache, *Gravelot* le dessin et *Chenu* la gravure.

On retrouve encore cette même estampe, en 1768, dans un autre volume ayant pour titre : *Etrennes Françaises | pour l'année* 1768 | *Comprenant les monuments mémorables et récens érigés dans la | capitale pendant le règne de Louis XV | le bien aimé | dediées | à la ville de Paris | A Paris | chez Desnos Libraire et ingénieur Géographe pour les globes | et sphères, rue St. Jacques, au globe et à la sphère. | Le Prix Broché 2 l.*

3. — (*LES AMANTS SURPRIS*).

Dans une pièce rustique dont la grande porte est ouverte à D., une mère, vue de profil perdu à G., les deux poings sur les hanches, est en train d'admonester sa fille qui, de face, à G., les vêtements en désordre, un sein complétement découvert, pleure en appuyant sa tête contre sa main. A G., on voit par une porte entr'ouverte le galant de la jeune fille se sauvant par un escalier. A terre, à G. de l'estampe, le chapeau du jeune villageois. — Encadrement avec tablette inférieure. — En H., au-dessus de l'encadrement à G., *n° IV.* A D., *B.*

A Monsieur Pierre Joseph Victor de Benseval Baron de Bronnstatt.
Grandcroix de l'ordre Royal et militaire de St Louis Lieutenant général des Armées du Roy, Inspecteur général des Régiments suisses et Grisons Gouverneur de la ville d'Haguenau en Alsace
Lieutenant-colonel du Régiment des Gardes-Suisses
Par son très humble et très obéissant serviteur Choffard.

Peint à la Gouasse par P. A. Baudouin Peintre du Roy 1764. — *Du Cabinet de M. Besenval.* — *Gravé par P. P. Choffart* 1767.
A Paris 1re Cour des Quinze-Vingts.

H. 0m305. — L. 0m225.

La gouache originale d'après laquelle cette gravure a été faite figurait à l'exposition des tableaux du Louvre en 1765, sous le n° 100, et avec le titre : *Une jeune fille querellée par sa mère.*

1er État. Épreuve d'eau-forte pure avant toutes lettres. Le haut des armes est ménagé en blanc sur la bordure.
2e — Épreuves terminées, avec les armes, avant toutes lettres.
3e — Avec : *A. P. D. R.* au-dessous des armes, le reste comme à l'état décrit.
4e — Celui qui est décrit.

Il existe de cette planche une mauvaise copie faite en Allemagne, en contre-partie, sous le titre : Les Fruits des Contes Lascifes.

Mercure de France, avril 1768. — Ceux qui s'intéressent au progrès du talent et particulièrement à ceux de la peinture et de la gravure, verront avec plaisir ce dernier art leur conserver et leur transmettre quelques productions les plus applaudies aux derniers salons de 1765 et de 1767. Ce sont deux tableaux peints à Gouasse par M. Baudouin, peintre du Roi, d'environ 12 pouces de haut sur 9 de large, dont l'un représente une jeune personne surprise et querellée par sa mère dans un cellier. Le désordre de la jeune fille, l'action de sa mère et la fuite d'un jeune paysan, sont d'un grand effet et rendent ce sujet très-intéressant, ainsi que toutes les productions de cet artiste, dont le genre neuf, gracieux et noble, fait voir que la peinture a des ressources que le génie sait toujours rendre nouvelles. Cette estampe ainsi que son pendant (*Les amours champêtres*), gravées par le sieur Choffard, sous les nos 1 et 4, en font sans doute espérer deux autres du même auteur. Le goût et le soin avec lesquels elles sont traitées ne laissent rien regretter des grâces des tableaux, et font désirer la suite de ce genre. On les trouve à Paris, 1re cour des Quinze-Vingts, chez l'auteur. Prix des deux : 6 livres.

Nous nous proposons de reproduire les différentes critiques faites par les contemporains sur les Tableaux, Dessins, Gravures, dont nous nous occupons. Cela nous permettra, comme nous l'avons déjà dit dans notre préface générale (Catalogue de Lavreince), *de rompre un peu la sécheresse de notre travail, et nos lecteurs nous sauront gré, nous l'espérons, de leur indiquer, avec les appréciations faites du vivant des artistes dont nous nous occupons dans ces études, les sources où ils pourront trouver sur eux des renseignements plus complets.*

Diderot. — Salon de 1765. Œuvres de Denis Diderot. Paris chez J. L. J. Brière Libraire, Rue St André des Arts n° 68. 1821. Tome 8. — Salons t. 1.

« ... Baudouin. — Bon garçon qui a de la figure, de la douceur, de l'esprit, un peu libertin. Mais qu'est-ce que cela me fait? Ma femme a ses quarante-cinq ans passés, et il n'approchera pas de ma fille, ni lui, ni ses compositions.

« Il y avait au Salon une quantité de petits tableaux de Baudouin, et toutes les jeunes filles, après avoir promené leurs regards distraits sur quelques tableaux, finissaient leurs tournées à l'endroit où l'on voyait *La Paysanne querellée par sa mère* et *Le Cueilleur de Cerises*. C'était pour cette travée qu'elles avaient réservé toute leur attention. On lit plutôt à un certain âge un ouvrage libre qu'un bon ouvrage, et l'on s'arrête plutôt devant un tableau ordurier que devant un bon tableau; il y a même des vieillards qui sont punis de la continuité de leurs débauches par le goût stérile qu'ils en ont conservé. Quelques-uns de ces vieillards se traînent aussi, béquille en main, dos voûté, lunettes sur le nez, aux petites infamies de Baudouin. »

N° 101. — La fille querellée par sa mère. — C'est le sujet ci-dessus décrit que nous avons intitulé : *Les amants surpris.*

« La scène est dans une cave. La fille et son doux ami en étaient sur un point, sur un point... c'est dire assez que ne le dire point... lorsque la mère est arrivée justement, justement... c'est dire encore ceci bien clairement. La mère est en grande colère; elle a les deux poings sur les côtés. La fille, debout, ayant derrière elle une belle botte de paille fraîchement foulée, pleure; elle n'a pas eu le temps de rajuster son corset et son fichu, et il y paraît bien. A côté d'elle, sur le milieu de l'escalier de la cave, on voit par le dos un gros garçon qui s'esquive. A la position de ses bras et de ses mains, on n'est aucunement en doute sur la partie de son vêtement qu'il relève. Nos amants étaient, du reste, gens avisés : au bas de l'escalier, il y a sur un tonneau un pain, des fruits, une serviette, avec une bouteille de vin. Cela est tout à fait libertin, mais on peut aller jusque-là. Je regarde, je souris, et je passe. »

---

4. — *LES AMANTS SURPRIS.*

C'est absolument la même planche que celle qui précède, mais gravée par un autre maître. Les inscriptions qui se trouvaient en haut n'existent plus ici, et la disposition de la lettre est tellement différente que nous avons cru devoir lui donner un numéro spécial. La dédicace, ainsi que les armes, sont également tout autres. — Encadrement avec tablette inférieure.

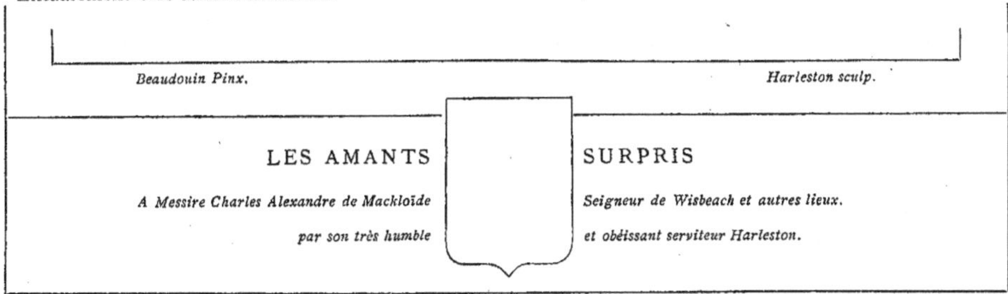

H. 0m305. — L. 0m225.

Il existe de cette planche une copie en contre-partie, à la manière noire anglaise, avec quelques légères teintes de couleur. Cette pièce est entourée d'un simple T. C., et on lit en B., à G., *P. A. Baudouin pinx*t. A D., *R. Lowrie fecit.* Au-dessous, au M., le titre : The Detection, et au-dessous, *London Printed for Rob*t *Sayer. n*o 53. *Fleet street as the act directs* 12 *Jan*y 1772.

H. 0m324. — L. 0m250.

---

5. — *L'AMOUR A L'ÉPREUVE.*

Un jeune homme couché avec une jeune femme sur un lit de repos. Tous deux dorment profondément, enlacés l'un et l'autre. A G., un magistrat vêtu de sa robe soulève de son bras le rideau du lit où sont étendus les deux amants, et pose son bonnet carré sur le traversin. A D., un petit chien dormant par terre au pied d'un paravent. — Encadrement.

Boucher pinxit 1er *P*tre *du Roi.* *Beauvarlet direxit.*

L'AMOUR A L'ÉPREUVE

*A Paris chez Marel rue S*t *Julien n*o 12. *Près la rue S*t *Jacques.* *Déposé.*

H. 0m290. — L. 0m220.

Pièce très-libre, et qui, malgré le nom de Boucher que l'on voit, à G., au-dessous de l'encadrement, est assez généralement attribuée à Baudouin pour que jusqu'à nouvel ordre je lui en laisse la paternité. Pourtant elle pourrait bien être d'un troisième artiste, et voici comment j'ai été amené à le supposer. Dans un catalogue de vente que j'ai vu dans la bibliothèque de M. le baron Pichon (catalogue Randon de Boisset), 1777, on lit sous le nom de Barbier, et au no 248. « *Un autre morceau peint à gouache qui fait le pendant du précédent.* Vis-à-vis de cet article, et en marge, se trouve une note manuscrite à l'encre, et bien de l'époque, racontant « *qu'en revenant du Palais,* « *Siguret trouve sa femme couchée et endormie dans les bras de l'abbé de Bois-Robert. Il pose son bonnet quarré* « *sur le chevet et se retire.* » C'est en quelques mots l'explication exacte de la pièce ci-dessus décrite, dont nous laissons néanmoins jusqu'à nouvel ordre l'invention à Baudouin.

1er ÉTAT. Épreuve d'eau-forte, avant toutes lettres, une tablette indiquée en bas par le prolongement des côtés de l'encadrement, et un troisième côté horizontal. Cette disposition n'existe plus sur les épreuves au burin.

2e — Avec le titre, sans aucunes autres lettres et avant le changement.

3e — Celui qui est décrit.

Il a été fait de cette planche une mauvaise copie, réduite sous le titre : L'AMOUR SURPRIS, qui me paraît plus logique que celui de la planche originale.

Il en a été fait également une autre copie réduite, sous son titre primitif : L'AMOUR A L'ÉPREUVE. Elle est entourée d'un T. C. et d'un filet, et n'a pas d'autres lettres que le titre. Dans cet état les épreuves sont *couvertes*.

H. 0m94. — L. 0m122.

---

6. — *L'AMOUR FRIVOLE.*

Dans une chambre, une jeune femme assise dans un fauteuil à côté de sa table de toilette; elle est profondément endormie, un bras pendant naturellement, un pied posé sur un haut tabouret. A D., un jeune homme, dans l'encadrement d'une fenêtre qui donne sur un corridor ou un couloir, soulève avec sa canne le fichu de la dormeuse et contemple sa gorge mise ainsi à découvert. — Encadrement.

Boucher pinxit 1re Ptre du Roi. *Beauvarlet direxit.*

L'AMOUR FRIVOLE

A Paris chez Marel Rue St Julien no 12 près la rue St Jacques. *Déposé.*

H. 0m290. — L. 0m220.

1er ÉTAT. Avec le titre, sans aucunes autres lettres. Une tablette qui a disparu dans les tirages postérieurs est ici légèrement indiquée.

2e — Celui qui est décrit.

3e — *A Paris chez Marel rue des Noyers 27. — Imp. Camus.* Au lieu de : *A Paris chez Marel rue St Julien*... etc. Le reste comme à l'état décrit.

Quoique cette planche, ainsi que celle de l'AMOUR A L'ÉPREUVE, porte le nom de Boucher, nous n'hésitons pas à l'attribuer à Baudouin, dont elle rappelle parfaitement le faire et les dispositions habituelles. Nous avons été corroborés dans notre opinion par la mention qui en est faite, toujours sous le même titre, dans le no 49 du Catalogue de la vente Le Blond, 1869. — Nous prions instamment les amateurs qui auraient quelques renseignements sur ces deux pièces à nous les faire parvenir, et nous leur rappelons, comme nous l'avons déjà fait dans l'avant-propos de notre Catalogue de Lavreince, que nous leur serons particulièrement reconnaissants de toutes les rectifications, additions, observations, qu'ils voudront bien nous envoyer sur notre travail.

---

7. — (*LES AMOURS CHAMPÊTRES*).

A la porte d'une cabane rustique, sous une treille, une jeune paysanne, tenant d'une main son fuseau, et assise, de pr. à D., sur un banc de pierre, considère deux pigeons qui, par terre devant elle, sont en train de se becqueter. Une seconde paysanne, debout à côté d'elle, lui recommande du doigt de faire silence. En H., au-dessus de la treille, dans une lucarne, un jeune paysan, coiffé de son chapeau et considérant la scène.— Encadrement avec tablette inférieure. En H., à G., au-dessus de l'encadrement, *n*° I. A D., *A*.

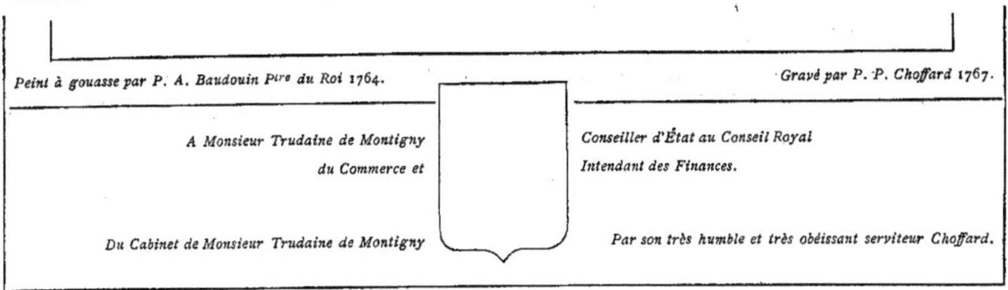

A Paris 1re Cour des Quinze-Vingts.

H. 0m305. — L. 0m225.

La gouache originale d'après laquelle cette gravure a été faite figurait à l'Exposition des tableaux du Louvre, en 1765, sous le n° 101, et avec le titre : *Petite Idylle galante.*

1er ÉTAT. Épreuve d'eau-forte pure, avant toutes lettres. Le haut des armes est ménagé en blanc sur la bordure.

2e — Épreuves terminées, avec les armes, avant toutes lettres.

3e — Avec *A. P. D. R.* au-dessous des armes, le reste comme à l'état décrit.

4e — Celui qui est décrit.

Il a été fait de cette planche de nombreuses imitations, et le sujet qui y est traité interprété par différents maîtres, mais d'une façon tout autre. Mentionnons ici en passant : *Le Matin,* de Regnault; *Les Premières Leçons de l'amour,* de Greuze, gravées par Voyez l'aîné; *Deux Dames regardant des serins,* par Boilly, gravées par Honoré, etc., etc.

Mercure de France, avril 1768. — Ceux qui s'intéressent aux progrès du talent, et particulièrement à ceux de la peinture et de la gravure, verront avec plaisir ce dernier art leur conserver et leur transmettre quelques productions les plus applaudies aux derniers salons de 1765 et de 1767. Ce sont deux tableaux peints à Gouasse par M. Baudouin, peintre du Roi, d'environ 12 pouces de haut sur 9 de large, et dont l'un représente deux jeunes filles qui, à l'ombre d'une treille, regardent des pigeons qui se caressent, tandis qu'un jeune homme les écoute en regardant le même objet.

Diderot. — Salon de 1765. — N° 101. *Petite Idylle galante.* — C'est le sujet ci-dessus décrit que nous avons intitulé : *Les Amours champêtres.*

« A droite, une ferme avec son colombier. A la porte de la ferme, au-dessous du colombier, une jeune paysanne assise, ou plutôt voluptueusement renversée sur un banc de pierre; derrière elle, sa sœur cadette, debout. Elles regardent toutes deux, deux pigeons qui sont à terre à quelque distance et qui se caressent. L'aînée rêve et soupire; la cadette lui fait signe du doigt de ne pas effaroucher les deux oiseaux. Au haut de la maison, à la fenêtre d'un grenier à foin, un jeune paysan qui sourit malignement de l'indiscrétion voluptueuse de l'une et de la crainte ingénue de l'autre. Passe pour cela. C'est comme ma description : on y entend tout ce qu'on veut et tout ce qui y est sans rougir. Autour du banc on a jeté confusément un chaudron, des choux, des panais, une cruche, un tonneau et d'autres objets champêtres. »

8. — *LES AMOURS CHAMPÊTRES.*

C'est absolument la même planche que celle qui précède, mais gravée par un autre maître. Les inscriptions qui se trouvaient en haut n'existent plus ici, et la disposition de la lettre est tellement différente, que nous avons cru devoir lui donner un numéro spécial. La dédicace, ainsi que les armes, sont également toutes autres. — Encadrement avec tablette inférieure.

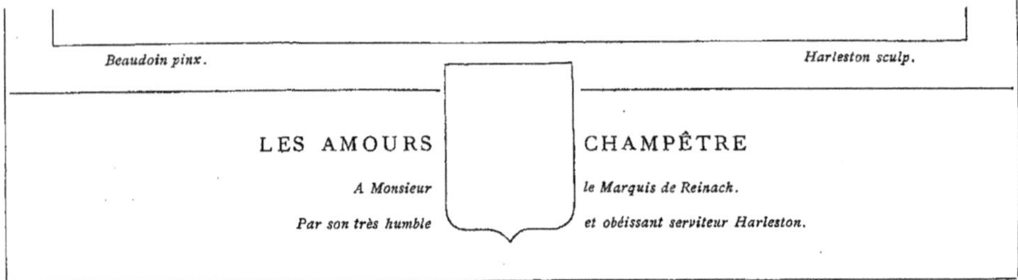

H. 0m305. — L. 0m225.

Il a été fait de cette pièce une mauvaise copie à la manière noire et en contre-partie. Elle porte le titre de : L'Innocence et est entourée d'un simple T. C. On lit en B., au-dessous du titre : *A Augsbourg chès J. J. Haid et fils.*

H. 0m350. — L. 0m255.

Il en existe également une petite imitation réduite, au pointillé, genre Bartholozzi, sous le titre : Der unterricht der liebe. La scène est la même, mais en contre-partie de l'estampe originale. Le paysage en est tout différent, et l'on aperçoit à G. un cours d'eau avec des arbres et des maisons. — Pièce ovale entourée d'un simple T. C. au bas duquel on lit à G., *S. Harding delint.* et à D., *P. W. Tomkins sculp. pupil. of. F. Bartolozzi.* Plus B., le titre.

H. 0m182. — L. 0m150.

On a fait, en Allemagne, une imitation de cette planche en contre-partie, avec quelques changements, sous le titre : Image pour éviter les Contes lascifes (*sic*). Dans cette copie, le villageois qui regarde les deux jeunes filles ne se trouve pas indiqué. Le reste de la composition est à peu près le même.

Il existe également une lithographie copiée d'après la gravure ci-dessus décrite et attribuée faussement, par l'éditeur, à Greuze. Elle porte le titre de : La Leçon d'Amour. Le jeune villageois qui regarde les jeunes filles est ici dans l'encadrement de la porte ouverte au lieu d'être en haut, dans une lucarne. T. C. On lit en B., au-dessous du T. C., à G., *Lith. par Maggiolo;* au M., *Peint par Greuze;* à D., *Imp. de Lemercier Paris;* au-dessous, au M., le titre et au-dessous du titre : *Paris Publié par Jeannin place du Louvre n° 20.*

H. 0m203. — L. 0m154.

(*) — *L'AMOUR SURPRIS. — Voir ci-dessus la description de cette planche sous la rubrique :* L'Amour a l'épreuve.

---

9. — *ANNETTE ET LUBIN.*

Au pied d'un arbre, dans un bosquet, un jeune paysan en manches de chemise approche une grappe de raisin de la bouche d'une jeune paysanne sur l'épaule de laquelle il a passé un bras. Celle-ci, tournée vers la G., est assise par terre auprès d'une source, tenant d'une main un panier de fruits. A G., une table sur laquelle est une cruche, une jatte de lait et un pain. Dans le fond, au milieu des branchages et appuyé sur une haie de clôture, le bailli considérant la scène. — Encadrement avec tablette inférieure.

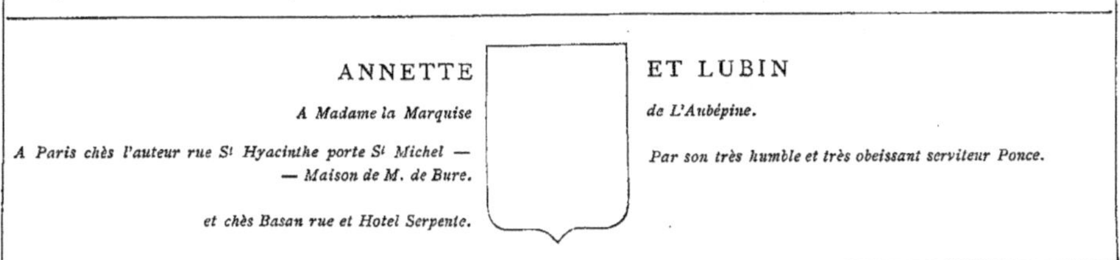

Peint à la gouasse par P. A. Baudouin. Pre du Roi. *Gravé par N. Ponce.*

H. 0m303. — L. 0m223.

1er ÉTAT. Avec le cartouche blanc et avant toutes lettres.

2e — Avec les armes, les noms des artistes, sans aucunes autres lettres.

3e — Celui qui est décrit.

4e — Avec l'adresse de Marel au-dessous de : *Peint à la gouasse*. Le reste comme à l'état décrit.

Il a été fait de cette planche une reproduction sur bois dans l'*Histoire des peintres* de Charles Blanc. Beaucoup plus petite que l'estampe originale, elle est entourée d'un simple T. C. et de deux filets au-dessous desquels on lit en B., à G., *Paquier D.;* au M., *Baudouin pinx.;* à D., *Delangle sc.*, et au-dessous, au M., le titre ainsi défiguré : NANETTE ET LUBIN.

H. 0m137. — L. 0m101.

Mercure de France, septembre 1775. — ANNETTE ET LUBIN et LES CERISES, deux estampes en pendants, très-bien gravées par M. Ponce, d'après les dessins de M. Baudouin : prix, 3 livres chacune. A Paris, chez l'auteur, rue Saint-Hyacinthe, porte Saint-Michel, maison de M. de Bure, et chez Basan, rue et hôtel Serpente. Ces sujets galants font suite des autres gravures d'après ce peintre ingénieux.

Annonces et affiches de Paris, 4 septembre 1775. — ANNETTE et LUBIN, et LES CERISES. Deux estampes gravées par Ponce, d'après P.-A. Baudouin, chez l'auteur, rue Saint-Hyacinthe, maison de M. Debure et chez Basan, rue et hôtel Serpente. Prix : 3 livres chaque.

Journal de Paris, no 63. Mardi 4 mars 1777. — ANNETTE et LUBIN et LES CERISES, deux estampes faisant pendant, gravées par M. N. Ponce, d'après les tableaux de Beaudouin, qui se trouvent chez lui, rue Saint-Hyacinthe, porte Saint-Michel, maison de M. de Bure : prix, 3 liv. chacune. — Le premier sujet représente Annette et Lubin dans la cabane faisant un repas champêtre, et le bailli jaloux écartant les feuilles pour être témoin d'une scène désespérante pour lui. Le sentiment, la rancune qu'expriment les yeux et l'attitude de nos amants contrastent parfaitement avec la fureur qui pétille dans ceux de ce dernier. Les accessoires d'une riche simplicité concourent encore à rendre ce sujet intéressant et pittoresque.

L'estampe ci-dessus décrite a été inspirée par une scène d'*Annette et Lubin*. Nous donnons ici quelques renseignements bibliographiques sur cette pièce et la scène d'où Baudouin a tiré le sujet de sa gouache.

ANNETTE ET LUBIN

COMÉDIE EN UN ACTE ET EN VERS, MÊLÉE D'ARIETTES ET DE VAUDEVILLES,

PAR Mme FAVART ET M. ***

Représentée pour la première fois par les Comédiens italiens ordinaires du Roi le 15 février 1762.

LE PRIX EST DE 24 SOLS.

A Paris, chez DUCHESNE, Libraire, rue Saint-Jacques, au-dessous de la fontaine Saint-Benoît, au Temple du Goût, avec approbation et Privilége du Roi. MDCCLXII.

ACTEURS :

LE SEIGNEUR.	M. LEJEUNE.	ANNETTE.	Mme FAVART.
LE BAILLI.	M. ROCHARD.	UN DOMESTIQUE.	M. DESBROSSES.
LUBIN.	M. CAILLOT.		

Le théâtre représente une campagne. On voit un bois d'un côté et de l'autre un côteau. Sur le devant du théâtre, il y a une cabane de verdure à moitié faite.

SCENE IV.

LUBIN, ANNETTE, LE BAILLI.

LE BAILLI.

Ils sont là, doucement, approchons pour entendre.

ANNETTE.

Ah! c'est l'air qu'on chante au château.
Oh! cela doit être bien beau.

(*Pendant cette ariette le Bailli écarte doucement les branches et passe sa tête à travers*).

LUBIN.

Air.

Du Dieu des cœurs
On adore l'empire,
Lui seul avec des fleurs
Enchaîne tout ce qui respire.

ANNETTE.

Tiens, ta belle chanson m'ennuie,
Que veut dire le Dieu des cœurs?
Et des chaînes avec des fleurs?
Chante m'en une plus jolie,
Mon cher ami Lubin!

LE BAILLI.

Mon cher ami Lubin.
Ah! qu'il est heureux, le coquin.

ANNETTE.

Ces chansons du château ne valent pas les nôtres.

LUBIN.

Bon! à la ville on en chante bien d'autres :
On y parle de pleurs, de craintes, de tourmens;
C'est de l'amour, des rivaux, des amans,
Des soupirs, des soupçons, des plaintes,
Des flammes, des ardeurs éteintes.

ANNETTE.

On n'aime pas comme à la ville.

LUBIN.

Oh! non.
Notre amitié vaut mieux.

LE BAILLI.

Ah! comme ils se regardent.
Etc., etc., etc.

---

10. — *LE BAIN.*

Une jeune femme sortant de sa baignoire s'appuie des deux mains sur sa soubrette, qui, debout à G., de pr. à D., la soutient et lui présente un drap pour l'essuyer. A genoux et devant sa maîtresse une seconde soubrette lui présente également un drap. A D., par terre, un vase avec un flacon et une éponge. A G., un paravent.—T. C.

P. A. Baudouin Pinxit. *N. F. Regnault sculp — sit.*

LE BAIN

Se vend à Paris chez Regnault Rue Croix des Petits-Champs vis-à-vis l'hotel de Lussan

H. 0m161. — L. 0m116.

Petite pièce en couleur.

1er État. Celui qui est décrit.

2e — Au-dessous du titre : *A Paris chez Delalande Rue de Montmorency la 4e porte cochère en entrant par la rue St Martin no 22,* au lieu de : *Se vend à Paris chez Regnault*... etc. Le reste comme à l'état décrit.

(A). Il a été fait de cette planche un tirage en noir, postérieur, avec les différences suivantes: l'estampe est gravée au burin et a la forme d'un ovale. Elle est entourée de deux filets rectangulaires largement espacés et dont le premier circonscrit entre ses quatre côtés l'ovale de la gravure. On lit en B., au-dessous du deuxième filet, à G., *W. M.*·. (*sic*); à D., *Baudouin delin.* 1731.; au-dessous, le titre.

H. 0m120. — L. 0m093.

(B). Dans un autre tirage encore plus récent, la pièce ovale est entourée d'un encadrement rectangulaire dont les angles sont fortement ombrés et qui est entouré de deux filets. On lit en B., à G., au-dessous des filets : *Baudouin del.* 1731, et plus B., au M., le titre sans autres lettres.

H. 0m134. — L. 0m105.

Il existe un pendant à cette pièce, intitulé : le Lever. Cette estampe, également en couleur, porte au bas du T. C., à G. *N. F. Regnault inv. Pinx et Sculp.* Malgré cette indication, quelques amateurs m'ont certifié que cette planche avait été gravée seulement par Regnault d'après un dessin de Baudouin, dont elle rappelle, il est vrai, beaucoup la manière. Je puis aujourd'hui détruire avec autorité leur opinion à ce sujet, et leur donner la preuve que le Lever est bien de Regnault, d'après un de ses propres dessins. Dans le *Journal de Paris* du samedi 1er août 1778 (no 213), il est fait mention d'une exposition particulière de tableaux et d'objets d'art installée à Paris sous la direction de M. de La Blancherie. On remarquait dans cette exposition, sous le titre du *Lever,* un petit tableau en miniature représentant une jeune femme qui change de chemise au moment de son lever, *par M. Regnault Peintre-graveur rue croix des petits champs à la Pharmacie.* — Le doute n'est donc plus possible à cet égard.

Ce qui peut expliquer l'erreur dans laquelle sont tombées certaines personnes relativement à la pièce Le Lever, c'est que cette planche ainsi que Le Bain a été l'objet des deux tirages postérieurs (A) et (B), et que dans ces tirages elle porte comme son pendant, soit à droite soit à gauche, l'indication *Baudouin, del* 1731.

---

11. — *LE CARQUOIS ÉPUISÉ.*

A G., assis sur un riche canapé placé dans une alcôve garnie d'épais rideaux, un jeune homme adossé à un coussin sur lequel il s'accoude, regarde d'un air fatigué une jeune femme debout à côté de lui, en jupon et en camisole, en train de se faire une mouche. A D., sur un socle, une statue de l'Amour, dont le carquois est renversé sur le piédestal de la statue et complétement vide. Un petit chien jappe aux pieds de sa maîtresse, et on voit à terre l'épée et le chapeau du jeune homme. — Encadrement avec tablette inférieure.

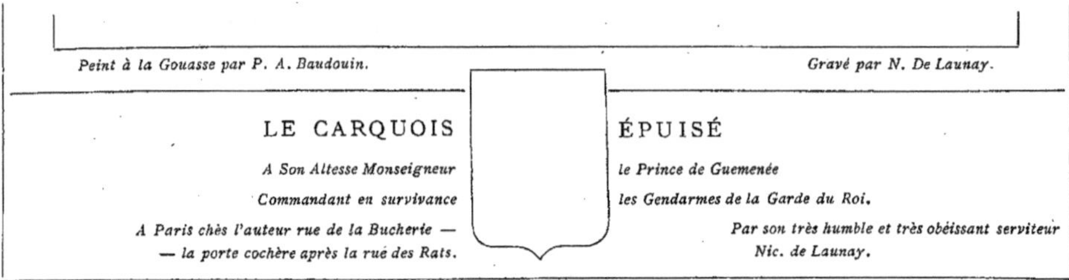

H. $0^{m}290$. — L. $0^{m}217$.

La gouache originale d'après laquelle cette gravure a été faite figurait à l'Exposition des tableaux du Louvre en 1765, sous le n° 101 et avec le titre : *La Fille éconduite.*

1er ÉTAT. Eau-forte entourée d'un simple T. C., sans aucunes lettres. Dans cet état, le carquois de l'Amour n'existe pas, et on voit à sa place une touffe de roses.

2e — La tablette inférieure est toute différente; il n'y a pas d'armes, et elle est formée de cercles ornementés placés les uns à côté des autres. Au milieu se trouve un cartel ménagé en blanc où devait être inscrit le titre. En bas de la tablette, à G., *Peint à la gouasse par P. A. Baudouin.* A D., *Gravé par N. de Launay*, sans aucunes autres lettres.

3e — Celui qui est décrit.

Mercure de France, juin 1775. — LES SOINS TARDIFS et LE CARQUOIS ÉPUISÉ, deux estampes gravées par M. de Launay, d'après les tableaux de Baudoin, peintre du Roi. Ces sujets de galanterie traités avec esprit et gravés avec beaucoup de soin et de talent, prix : 3 livres chacun, se trouvent à Paris chez M. de Launay, rue de la Bûcherie, la porte cochère près la rue des Rats. Ils font suite de deux estampes agréables que nous avons annoncées dans le temps sous les titres de : LA SENTINELLE EN DÉFAUT, et de L'ÉPOUSE INDISCRÈTE.

Diderot. — *Salon de* 1765. *N°* 101. — *La fille éconduite.* — C'est le sujet ci-dessus décrit sous le titre : *Le Carquois épuisé.*

« Dans un petit appartement de plaisir, un boudoir, on voit, nonchalamment étendu sur une chaise longue, un cavalier peu disposé à renouveler sa fatigue. Debout à côté de lui, une fille en chemise, l'air piqué, semble lui dire, en se remettant du rouge : *Et c'est là tout ce que vous saviez?* »

*Lettre à Monsieur *** sur les peintures, les sculptures et les gravures exposées dans le sallon du Louvre en* 1765. *A Paris, chez Bauche, quay des Augustins, et chez Droury, rue vieille-Boucherie. Prix :* 15 *sols.* 8 *septembre* 1775. (*Par Mathon de la Cour.*)

« M. Baudouin a mis au salon quelques ouvrages en miniature et à gouasse. Les miniatures n'ont rien de merveilleux, mais ses tableaux à gouasse sont très-élégants. Le plus grand représente les Enfants-Trouvés dans l'église Notre-Dame. Ensuite il y en a deux où l'on voit un paysan qui cueille des cerises, et deux paysannes qui considèrent avec émotion des pigeons qui se caressent. Les sujets des autres sont un peu plus libres. Dans un c'est une jeune femme à qui l'on passe la chemise; dans un autre, un homme qui se jette à genoux aux pieds d'une femme de l'air le plus passionné; dans un troisième, une très-jolie paysanne querellée par sa mère qui vient la surprendre avec un homme qui s'enfuit. Le plus piquant de tous représente une femme d'une taille séduisante et dans un déshabillé de très-bon goût. Elle remet son rouge et se tourne vers un jeune homme qui est assis sur un sopha. Ses regards sont d'une agacerie extrême. J'y ai lu mille choses, mais vous trouverez bon que je vous les laisse deviner. Plusieurs personnes ont trouvé ces tableaux indécens; je crois qu'il eût mieux valu ne pas les exposer. Il faut respecter la décence lors même que ses loix nous paraissent bizarres. J'ai souvent remarqué que les peintures des galanteries de la fable n'étonnaient personne; que celles des aventures de la société blessaient les yeux délicats. Ce qui se rapproche de nous, nous affecte davantage. Nos yeux sont accoutumés à voir Diane et Endymion, Vénus et Adonis presque nuds; mais si dans un de nos têtes à têtes, on peint l'ajustement d'une femme un peu dérangé, tout le monde crie au scandale. »

12. — (*LE CATÉCHISME*).

Dans une église et devant un nombreux auditoire, composé de jeunes filles assises et de jeunes gens debout, une jeune personne debout de pr. à D., tenant son catéchisme à la main et les yeux baissés, répond aux questions que lui pose un abbé, que l'on voit à D., assis dans un fauteuil, un binocle à la main. On remarque, à G., une jeune fille recevant derrière son dos un billet qu'un jeune homme lui met dans la main. — Encadrement avec tablette inférieure.

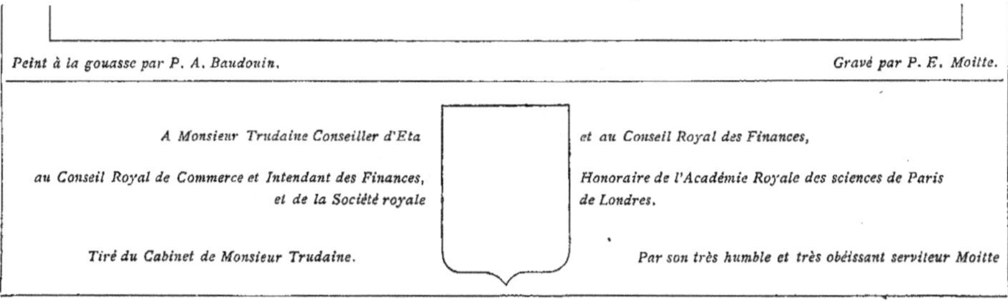

Peint à la gouasse par P. A. Baudouin. *Gravé par P. E. Moitte.*

A Monsieur Trudaine Conseiller d'Eta et au Conseil Royal des Finances,
au Conseil Royal de Commerce et Intendant des Finances, Honoraire de l'Académie Royale des sciences de Paris
et de la Société royale de Londres.

Tiré du Cabinet de Monsieur Trudaine. *Par son très humble et très obéissant serviteur Moitte*

A Paris chès Moitte graveur du Roi à l'entrée de la rue St Victor la troisième porte cochère à gauche en entrant par la place Maubert 1777.

H. 0m260. — L. 0m370.

La gouache originale d'après laquelle cette gravure a été faite figurait à l'Exposition des tableaux du Louvre en 1763, sous le n° 148 et avec le titre : *Un prêtre catéchisant de jeunes filles.*

Les deux gouaches, *Le Catéchisme* et *Le Confessionnal* viennent de la collection de M. Peyre de Narbonne, collection commencée vers 1787 et considérable surtout par le nombre de tableaux (elle ne comptait pas moins de huit cents toiles). A la mort de M. Peyre, le tout fut divisé entre ses deux neveux qui sont morts il y a quelques années. Les deux gouaches furent apportées alors à Paris, et celle qui nous occupe ici, *Le Catéchisme*, est actuellement dans le cabinet de M. Edmond de Rothschild.

1er ÉTAT. Avec les armes, avant toutes lettres.
2e — Avec les armes, les noms des artistes, sans aucunes autres lettres.
3e — Celui qui est décrit.

Mercure de France, octobre 1777. — On vient de publier deux nouvelles estampes d'après M. Baudouin, peintre du Roi, dédiées à M. O. Trudenne, conseiller d'État. Ces deux estampes sont pendantes; elles ont 13 pouces de haut et 16 de large. Elles représentent deux assemblées nombreuses dans l'église : l'une pour l'instruction ou le catéchisme, l'autre pour la pénitence. Ces compositions ingénieuses et variées sont rendues avec tout l'esprit du maître, et d'une manière pittoresque, par M. Moitte, graveur du Roi. Prix : 8 livres chaque estampe. A Paris, chez l'auteur, rue S.-Victor, la troisième porte cochère à gauche en entrant par la place Maubert.

Description des tableaux exposés au sallon du Louvre, avec des remarques par une société d'amateurs. Extraordinaire du Mercure de septembre. Prix : 12 sols. — A Paris, au bureau du Mercure de France, rue Sainte-Anne, où chez Sébastien Jorry, imprimeur libraire vis-à-vis la Comédie-Française et chez les libraires ordinaires du Mercure. MDCCLXIII.

« ... L'idée d'un petit tableau à Gouasse, représentant un catéchisme de jeunes filles, est encore du même artiste; cette production d'une invention fort agréable est secondée par beaucoup d'esprit dans l'exécution.

*Lettre à Madame*** sur les peintures, les sculptures et les gravures exposées dans le sallon du Louvre en 1763, à Paris, chez Guillaume Desprez imprimeur du Roy et Duchesne Libraire rue Saint Jacques au temple du goût.* (*MDCCLXIII. Par Mathon de la Cour.*)

« ... Parmi les ouvrages en miniature de M. Baudouin, j'ai remarqué un petit tableau à gouasse qui représente un prêtre catéchisant de jeunes filles. On a remarqué surtout une de ces filles qui reçoit une lettre de la main d'un jeune homme en feignant très-adroitement de causer avec une de ses compagnes.

13. — *LES CERISES.*

Un jeune paysan, monté sur une échelle posée contre un cerisier, cueille des cerises qu'il jette dans le tablier d'une paysanne que l'on voit à G. de pr. à D. tenant des deux mains son tablier et ses jupes. A ses pieds une autre femme assise par terre vue de dos ayant près d'elle un petit chien. A D., un âne en train de manger dans une auge rustique. — Encadrement avec tablette inférieure.

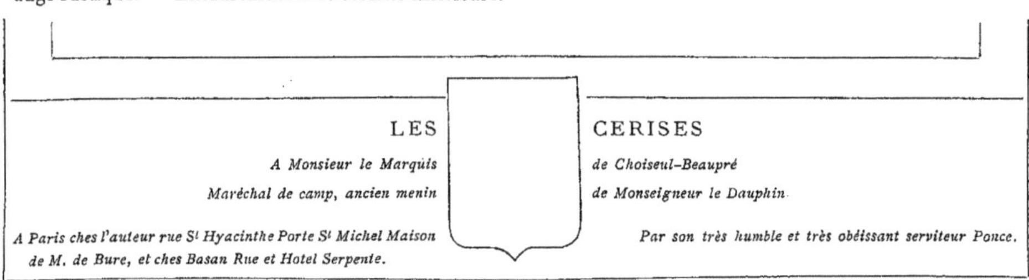

LES CERISES

A Monsieur le Marquis de Choiseul-Beaupré

Maréchal de camp, ancien menin de Monseigneur le Dauphin

A Paris ches l'auteur rue St Hyacinthe Porte St Michel Maison de M. de Bure, et ches Basan Rue et Hotel Serpente.

Par son très humble et très obéissant serviteur Ponce.

Peint à la Gouasse par P. A. Baudouin. *Gravé par N. Ponce.*

H. 0m306. — L. 0m225.

La gouache originale d'après laquelle cette gravure a été faite figurait à l'Exposition des tableaux du Louvre en 1765, sous le no 100, et avec le titre : *Le Cueilleur de cerises.*

1er État. Épreuve d'eau-forte. Simple T. C., sans encadrement, sans aucunes lettres.
2e — Avec les armes et les noms des artistes, sans autres lettres.
3e — Celui qui est décrit.
4e — Avec l'adresse de Marel au-dessous de : *Peint à la gouasse.* Le reste comme à l'état décrit.

Il a été fait de cette pièce une mauvaise imitation en lithographie, sous le même titre : Les Cerises. Elle est entourée d'un T. C. et d'un filet. On lit en B., au-dessous des filets, à G., *Peint par Baudouin.* Au M., *Im. Lemercier Benard et Ce.* A D., *Lith. par Lesourd de Beauregard.* Au-dessous, au M., le titre et au-dessous du titre : *Paris, publié par H. Gache, Editeur,* 58 *rue de la Victoire.*

H. 0m295. — L. 0m222.

Mercure de France, septembre 1775. — Annette et Lubin, deux estampes en pendants, très-bien gravées, par M. Ponce, d'après les dessins de M. Baudouin; prix : 3 livres chacune. A Paris chez l'auteur rue Saint-Hyacinthe, porte Saint-Michel, maison de M. Debure et chez Basan rue et hôtel Serpente. Ces sujets galants font suite des autres gravures d'après ce peintre ingénieux.

Annonces et Affiches de Paris, 4 septembre 1775. — Annette et Lubin et les Cerises, deux estampes gravées par Ponce d'après P.-A. Baudouin. Chez l'auteur rue Saint-Hyacinthe, maison de M. Debure et chez Basan rue et hôtel Serpente. Prix : 3 liv. chaque.

Diderot. — *Salon de* 1765. — *No* 101. — *Le Cueilleur de Cerises.* — C'est le sujet ci-dessus décrit sous le titre : *Les Cerises.*

« On voit sur un arbre un grand garçon jardinier qui cueille des cerises; au pied de l'arbre, une jeune paysanne prête à les recevoir dans son tablier. Une autre paysanne, assise à terre, regarde le cueilleur. Entre celle-ci et l'arbre, un âne, chargé de ses paniers, qui broute. Le jardinier a jeté sa poignée de cerises dans le giron de la paysanne; il ne lui en est resté dans la main que deux, accouplées sur la même queue qui les tient suspendues au doigt du milieu. Mauvaise pointe, idée plate et grossière. Mais je dirai mon avis de tout cela à la fin. »

14. — *LE CHEMIN DE LA FORTUNE.*

Dans un riche appartement, à G., une femme agenouillée par terre relève d'une main la jupe d'une jeune danseuse, pour faire admirer sa jambe à un homme que l'on voit à D., assis sur un fauteuil de pr. à G., en robe de chambre, son chien à ses pieds. Au milieu de la composition le maître de danse contemplant la jambe de la jeune fille et levant ses deux mains en l'air en signe d'admiration, l'une tenant son violon, l'autre son archet. — Au fond, à D., sur un piano, des partitions, un casque mythologique et différents accessoires. — T. C. Un fleuron autour duquel on lit ces mots en exergue : *Therpsicore affectus cytharis movet, imperat, auget.*

Baudouin pinx. *Voyez Major sculp.*

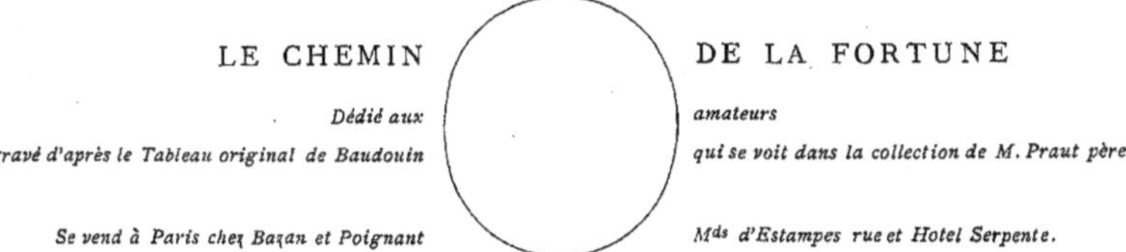
LE CHEMIN DE LA FORTUNE

Dédié aux amateurs

et gravé d'après le Tableau original de Baudouin qui se voit dans la collection de M. Praut père

Se vend à Paris chez Bazan et Poignant Mds d'Estampes rue et Hotel Serpente.

H. 0m410. — L. 0m336.

La gouache originale d'après laquelle cette estampe a été faite se trouvait dans le cabinet de l'imprimeur Prault, dispersé après sa mort, le 27 novembre 1780. Voir le Catalogue de sa vente (cabinet des estampes. Yd. 120.).

J'ai vu, chez M. Pichon, un très-curieux dessin de cette composition, entièrement fait à la plume et à l'encre dans le goût d'une gravure. Certaines parties sont reprises avec de la gouache blanche en façon de grisaille. Ce dessin, en contre-partie de la gravure a été certainement fait par Voyez d'après la gouache originale, et les retouches de blanc sont très-probablement de la main même de Baudouin, accentuant ainsi suivant son sentiment le travail préparatoire que lui soumettait son graveur.

1er ÉTAT. Avec les noms des artistes, sans aucunes autres lettres. Dans quelques-unes des premières épreuves de cet état, le devant du corsage de la jeune personne est légèrement entr'ouvert et lacé avec un cordon. Cette disposition a disparu dans les épreuves postérieures, où le corsage se ferme tout droit, avec un petit bouillonné de ruban.

2e — Celui qui est décrit.

Il a été fait de cette planche une imitation, sous le titre : LE PREMIER PAS A LA FORTUNE. On lit en B., à G., *Dubois Ste Marie Delin.* A D., *L. Bonnet sculp.*, et au-dessous, *A Paris chez Bonnet rue St Jacques au coin de celle de la Parcheminerie.*

Mercure de France, janvier 1778.—LE CHEMIN DE LA FORTUNE.—C'est le titre d'une estampe d'environ 17 pouces de hauteur sur 14 de largeur, qui se trouve chez le sieur Basan, rue et hôtel Serpente. Prix : 6 livres.— On y voit une jeune personne que sa mère présente à un maître de ballet. Ce personnage paraît extasié à la vue de la jambe de la jeune danseuse, et on ne doute point qu'elle ne soit agréée. Un musicien qui est devant son clavecin semble aussi applaudir aux charmes de l'élève de Terpsichore. Cette scène comique et galante a été rendue avec intelligence par le sieur Voyez major, d'après le tableau original peint à gouazze par Baudouin.

---

15. — (*LE CONFESSIONNAL*).

Un abbé en surplis, son bonnet carré sur la tête, tenant d'une main sa tabatière, sort brusquement d'un confessionnal pour apostropher deux jeunes gens, dont l'un se retourne vers lui, tenant un lorgnon à la main. Il semble leur reprocher d'être venu à l'église pour lorgner ses pénitentes que l'on voit dans les bas-côtés et dans les alentours du confessionnal. On remarque, vers la droite de l'estampe, une jeune femme vue de dos, agenouillée par terre devant une chaise sur laquelle elle s'appuie, et sous laquelle se trouve un petit chien. — Encadrement, avec tablette inférieure.

Peint à la gouasse par P. A. Baudouin. *Gravé par P. E. Moitte.*

A Monsieur Trudaine Conseiller d'État *et au Conseil Royal des Finances,*

Au Conseil Royal de Commerce et Intendant des Finances, *Honoraire de l'Académie Royale des Sciences de Paris,*
et de la Société Royale *de Londres.*

Tiré du Cabinet de M. Trudaine. *Par son très humble et très obéissant serviteur Moitte.*

A Paris chez Moitte Graveur du Roi à l'entrée de la rue St Victor la troisième porte cochère à gauche en entrant par la place Maubert 1777.

H. 0m260. — L. 0m370.

La gouache originale d'après laquelle cette gravure a été faite figurait à l'Exposition des tableaux du Louvre, en 1765, sous le n° 98 et avec le titre : *Un Confessionnal.*

Elle se trouve aujourd'hui dans le cabinet de M. le Cte Welles de Lavalette. (Voir ci-dessus, au *Catéchisme,* la provenance de cette gouache.)

1er ÉTAT. Avec les armes, avant toutes lettres.
2e — Avec les armes, les noms des artistes, sans aucunes autres lettres.
3e — Celui qui est décrit.

Mercure de France, octobre 1777. — On vient de publier deux nouvelles estampes d'après M. Baudouin, peintre du Roi, dédiées à M. O. Trudenne, conseiller d'État. Ces deux estampes sont pendantes ; elles ont 13 pouces de haut et 16 de large. Elles représentent deux assemblées nombreuses dans l'église : l'une pour l'instruction ou le catéchisme, l'autre pour la pénitence. Ces compositions ingénieuses et variées sont rendues avec tout l'esprit du maître, et d'une manière pittoresque, par M. Moitte, graveur du Roi. Prix : 8 livres chaque estampe. A Paris, chez l'auteur, rue S.-Victor, la troisième porte cochère à gauche en entrant par la place Maubert.

Diderot. — Salon de 1765. — *N°* 98. — *Le Confessionnal.*

« Un confessionnal est occupé par un prêtre. Il est entouré d'un troupeau de fillettes qui viennent s'accuser du péché qu'elles ont fait ou qu'elles feraient volontiers. Voilà pour l'oreille gauche du confesseur. Son oreille droite entendra les sottises des vieilles, des vieillards et des morveux qui occupent ce côté. Le hasard ou la pluie font entrer deux grands égrillards à l'église. Les voilà qui ruent tout au travers des jeunes pénitentes. Le scandale s'élève. Le prêtre s'élance de sa boîte ; il s'adresse durement à nos deux étourdis. Voilà le moment du tableau. Un de ces jeunes hommes, la lorgnette à la main, l'air ironique et méprisant, la tête retournée vers le confesseur, est tenté de lui dire son fait. Son camarade, qui pressent que l'affaire peut devenir grave, cherche à l'entraîner. Les fillettes ont la plupart les yeux hypocritement baissés ; les vieilles et les vieillards sont courroucés ; les marmousets, placés derrière leurs parents, sourient. Cela est plaisant, mais la piété de notre archevêque, qui n'entend pas la plaisanterie, a fait ôter ce morceau. »

Mémoires secrets de Bachaumont, 15 septembre 1775.

Le sieur Baudouin académicien avait exposé cette année au sallon entre plusieurs morceaux de miniature, et à gouasse, un petit sujet intitulé, *Le Confessionnal.* Le zèle de Mgr l'Archevêque de Paris s'est enflammé. Il a cru le sacrement profané et il a exigé que le tableau fût retiré. Il voulait étendre sa vigilance à quelques autres, mais elle s'y est bornée. Il est certain qu'elle aurait eu de quoi s'exercer sur cette exposition pleine de nudités les plus scandaleuses et de postures en tous les genres. »

16. — *LE COUCHER DE LA MARIÉE.*

Une jeune mariée en toilette de nuit se dispose à monter dans son lit, dont une jeune soubrette, à D., relève les couvertures. Elle essuie ses larmes d'une main, pendant qu'une femme lui prodigue des encouragements à l'oreille, et que son mari, en robe de chambre, agenouillé à ses pieds, lui fait des protestations d'amour. A G., deux soubrettes, dont l'une éteint avec un éteignoir les bougies d'une applique placée près de la glace qui surmonte la cheminée, et dont l'autre dispose un garde-feu devant le foyer. A D., une veilleuse sur une table de nuit. Riche intérieur de l'époque. — T. C.

Peint à la gouasse par P. A. Baudouin. *Gravé à l'eau f^te par J. M. Moreau le J^ne et terminé par J. B. Simonet.*

LE COUCHÉ DE LA MARIÉE

A très haut et très puissant Seigneur
Armand-Charle Emmanuel d'Hautefort
Comte d'Hautefort, Marquis de Villacerf Grand d'Espagne de la première Classe
Et mestre de camp du Régiment de cavalerie Royal Etranger.

A Paris chès Moreau le jeune rue de la Harpe vis à vis M^r Le Bas — A P D R — Par ses très humbles et très obéissants serviteurs Baudouin et Moreau le J^ne.

H. 0^m385. — L. 0^m305.

La gouache originale d'après laquelle cette gravure a été faite figurait à l'exposition des tableaux du Louvre en 1767, sous le n° 73, et avec le titre : *Le Coucher de la Mariée.*

1er ÉTAT. Épreuve d'eau-forte pure. A D., au-dessous du T. C., à la pointe sèche : *J. M. Moreau le J.* 1768.
2° — Épreuve d'eau-forte en contre-partie. A G., au-dessous du T. C., à rebours et à la pointe sèche : *J. M. Moreau le J.* 1768, sans aucunes autres lettres.
3e — Épreuve terminée au burin, entourée d'un T. C. A D., au-dessous du T. C. : *J. M. Moreau le Jeune.* 1768, à la pointe sèche, sans aucunes autres lettres, et sans les armes.
4e — Avec les armes, avant toutes lettres.
5e — Celui qui est décrit.

Cette pièce a pour pendant : LE LEVER DE LA MARIÉE, gravée par Ph. Triere, d'après J. D. Dugourc, et dédiée à M. le vicomte de Wargemont, capitaine au Régiment Royal étranger de cavalerie. Prix 6 liv., chez Les Campions Frères, M^ds d'Estampes, rue St Jacques, à la ville de Rouen.

Il a été fait de cette planche une mauvaise contrefaçon en Allemagne, sous le même titre : LE COUCHÉ DE LA MARIÉE, *dédié aux jeunes époux par l'ami du beau sexe.* Ici la jeune mariée est assise et ses femmes la déchaussent pendant que son mari, à D., semble la consoler.

Mercure de France, septembre 1770. — LE COUCHER DE LA MARIÉE, estampe d'environ 13 pouces de haut sur 12 de large, gravée d'après le tableau original de M. Baudouin, peintre du Roi, par M. Moreau le jeune, qui l'a commencée à l'eau-forte, et par M. Simonet, qui l'a terminée au burin. A Paris, chez Moreau le jeune, graveur, demeurant rue de la Harpe, vis-à-vis M. Le Bas, graveur du cabinet du Roi. Prix : 3 livres. — Cette estampe est une de celles dont la composition fait le plus d'honneur à M. Baudouin. La mariée est ici représentée dans le moment que, soutenue par sa mère, elle va se mettre au lit. Un reste de pudeur qu'elle fait paraître semble donner un nouveau prix aux faveurs qu'elle est prête à accorder. Son jeune époux s'est saisi d'un de ses bras, et, un genou en terre, lui jure un amour éternel. Toute cette scène respire une volupté douce et pure. La chambre où elle se passe est richement ornée. Des femmes qui s'empressent de servir la mariée donnent du mouvement à la composition de cette estampe, dont la gravure délicate et soignée ne peut manquer de plaire aux amateurs.

Diderot. — Salon de 1767.

« Toujours petits tableaux, petites idées, compositions frivoles, propres au boudoir d'une petite maîtresse, à la petite maison d'un petit maître; faites pour de petits abbés, de petits robins, de gros financiers ou d'autres personnages sans mœurs et d'un petit goût.

« 1° *Le Coucher de la Mariée*, à gouache.

« Entrons dans cet appartement, et voyons cette scène. A droite, cheminée et glace; sur la cheminée et devant la glace, flambeaux à plusieurs branches et allumés. Devant le foyer, suivante accroupie qui couvre le feu. Derrière celle-ci, autre suivante accroupie qui, l'éteignoir à la main, se dispose à éteindre les bougies des bras attachés à la boiserie. Au côté de la cheminée, en s'avançant vers la gauche, troisième suivante debout, tenant sa maîtresse sous les bras et la pressant d'entrer dans la couche nuptiale. Cette couche, à moitié ouverte, occupe le fond. La jeune mariée s'est laissée vaincre, elle a déjà un genou sur la couche. Elle est en déshabillé de nuit; elle pleure. Son époux, en robe de chambre, est à ses pieds et la conjure. On ne le voit que par le dos. Il y a au chevet du lit une quatrième suivante qui a levé la couverture. Tout à fait à gauche, sur un guéridon, un autre flambeau à branches; sur le devant, du même côté, une table de nuit avec des linges.

« Monsieur Baudouin, faites-moi le plaisir de me dire en quel lieu du monde cette scène s'est passée? Certes, ce n'est pas en France : jamais on n'y a vu une jeune fille bien née, bien élevée, à moitié nue, un genou sur le lit, sollicitée par son époux en présence de ses femmes, qui la tiraillent. Une innocente prolonge sans fin sa toilette de nuit; elle tremble, elle s'arrache avec peine des bras de son père et de sa mère; elle a les yeux baissés, elle n'ose les lever sur ses femmes; elle verse une larme. Quand elle sort de sa toilette pour passer vers le lit nuptial, ses genoux se dérobent sous elle. Ses femmes sont retirées; elle est seule, lorsqu'elle est abandonnée aux désirs, à l'impatience de son jeune époux. Ce moment est faux; il serait vrai qu'il serait d'un mauvais choix. Quel intérêt cet époux, cette épouse, ces femmes de chambre, toute cette scène peut-elle avoir? Feu notre ami Greuze n'eût pas manqué de prendre l'instant précédent, celui où un père, une mère, envoient leur fille à son époux. Quelle tendresse! quelle honnêteté! quelle délicatesse! quelle variété d'actions et d'expressions dans les frères, les sœurs, les parents, les amis, les amies! quel pathétique n'y aurait-il pas mis! Le pauvre homme que celui qui n'imagine, dans cette circonstance, qu'un troupeau de femmes de chambre!

« Le rôle de ces suivantes serait ici d'une indécence insupportable sans les physionomies ignobles, basses et malhonnêtes que l'artiste leur a données. La petite mine chiffonnée de la mariée, l'action ardente et peu touchante du jeune époux vu par le dos, ces indignes créatures qui entourent la couche, tout me représente un mauvais lieu. Je ne vois qu'une courtisane qui s'est mal trouvée des caresses d'un petit libertin et qui redoute le même péril, sur lequel quelques-unes de ses malheureuses compagnes la rassurent. Il ne manque là qu'une vieille.

« Rien ne prouve mieux que l'exemple de Baudouin combien les mœurs sont essentielles au bon goût. Ce peintre choisit mal ou son sujet ou son instant; il ne sait même pas être voluptueux. Croit-il que le moment où tout le monde s'est retiré, où la jeune épouse est seule avec son époux, n'eût pas fourni une scène plus intéressante que la sienne? Artistes, si vous êtes jaloux de la durée de vos ouvrages, je vous conseille de vous en tenir aux sujets honnêtes. Tout ce qui prêche aux hommes la dépravation est fait pour être détruit, et d'autant plus sûrement détruit que l'ouvrage sera plus parfait. Il ne subsiste presque plus aucune de ces infâmes et belles estampes que Jules Romain a composées d'après l'impur Arétin. La probité, la vertu, l'honnêteté, le scrupule, le petit esprit superstitieux, font tôt ou tard main basse sur les productions déshonnêtes. En effet, quel est celui d'entre nous qui, possesseur d'un chef-d'œuvre de peinture ou de sculpture capable d'inspirer la débauche, ne commence pas à en dérober la vue à sa femme, à sa fille, à son fils? quel est celui qui ne pense que ce chef-d'œuvre ne puisse passer à un autre possesseur moins attentif à le serrer? quel est celui qui ne prononce au fond de son cœur que le talent pouvait être mieux employé, un pareil ouvrage n'être pas fait, et qu'il y aurait quelque mérite à le supprimer? Quelle compensation y a-t-il entre un tableau, une statue, si parfaite qu'on la suppose, et la corruption d'un cœur innocent? Et si ces pensées, qui ne sont pas tout à fait ridicules, s'élèvent je ne dis pas dans un bigot, mais dans un homme de bien, je ne dis pas religieux, mais esprit fort, mais athée, âgé, sur le point de descendre au tombeau, que deviennent le beau tableau, la belle statue, ce groupe du satyre qui jouit d'une chèvre, ce petit Priape qu'on a tiré des ruines d'Herculanum, ces deux morceaux les plus précieux que l'antiquité nous ait transmis, au jugement du baron de Gleichen et de l'abbé Galiani, qui s'y connaissent? Voilà donc, en un instant, le fruit des veilles du talent le plus rare brisé, mis en pièces! Et qui de nous osera blâmer la main honnête et barbare qui aura commis cette espèce de sacrilége? Ce n'est pas moi, qui cependant n'ignore pas ce qu'on peut m'objecter : le peu d'influence que les productions des beaux-arts ont sur les mœurs générales, leur indépendance même de la volonté et de l'exemple d'un souverain, des ressorts momentanés, tels que l'ambition, le péril, l'esprit patriotique; je sais que celui qui supprime un mauvais livre ou qui détruit une statue voluptueuse ressemble à un idiot qui craindrait de pisser dans un fleuve, de peur qu'un homme ne s'y noyât. Mais laissons là l'effet de ces productions sur les mœurs de la nation; restreignons-le aux mœurs particulières. Je ne puis me dissimuler qu'un mauvais livre, une estampe malhonnête que le hasard offrirait à ma fille, suffiraient pour la faire rêver et la perdre. Ceux qui peuplent nos jardins publics des images de la prostitution ne savent guère ce qu'ils font! Cependant tant d'inscriptions infâmes dont la statue de la Vénus aux belles fesses est sans cesse barbouillée dans les bosquets de Versailles, tant d'actions dissolues avouées dans ces inscriptions, tant d'insultes faites par la débauche même à ses propres idoles, insultes qui marquent des imaginations perdues, un mélange inexplicable de corruption et de barbarie, instruisent assez de l'impression pernicieuse de ces sortes d'ouvrages. Croit-on que les bustes de ceux qui ont bien mérité de la patrie les armes à la main, dans les tribunaux de la justice, aux conseils du souverain, dans la carrière des lettres ou des beaux-arts, ne donneraient pas une meilleure leçon? Pourquoi donc ne rencontrons-nous point les statues de Turenne et de Catinat? C'est que tout ce qui se fait de bien chez un peuple se rapporte à un seul homme; c'est que cet homme, jaloux de toute gloire, ne souffre pas qu'un autre soit honoré; c'est qu'il n'y a que lui... Encore, si le mauvais choix des tableaux de Baudouin était racheté par le dessin, l'expression des caractères, un faire merveilleux! Mais non, toutes les parties de l'art y sont médiocres. Dans le morceau dont il s'agit ici, la mariée est d'un joli ensemble, la tête en est bien dessinée; mais le mari, vu par le dos, a l'air d'un sac sous lequel on ne ressent rien. Sa robe de chambre l'emmaillotte; la couleur en est terne. Point de nuit : scène de nuit peinte de jour. La nuit, les ombres sont fortes, et par conséquent les clairs éclatants, et tout est gris. La suivante qui lève la couverture n'est pas mal ajustée. . . . . »

17. — *LE CURIEUX.*

A. D., sur un canapé, une femme couchée de côté, les jupes relevées, se prépare à recevoir un lavement que va lui donner sa femme de chambre, que l'on voit, à G., tenant la seringue des deux mains. Un petit chien, debout sur ses pattes de derrière, pose ses pattes de devant sur le bas du canapé. A G., un homme ayant un rabat au cou regarde la scène par une porte vitrée dont il a écarté le rideau. — T. C. Encadrement.

Peint à Gouache par P. A. Baudouin. — *Gravé par P. Maleuvre.*

LE CURIEUX

Tiré du Cabinet de M. Langlier. — *Chez l'auteur rue des Mathurins.*

H. $0^{m}310$. — L. $0^{m}215$.

La gouache originale d'après laquelle cette gravure a été faite s'est vendue le 9 mars 1870. Collection San Donato, sous le n° 412. Elle fut adjugée au prix de 205 fr.

1er ÉTAT. Eau-forte pure. — T. C. sans aucunes lettres. Le personnage qui regarde derrière la porte vitrée n'a pas de rabat dans cet état, mais un habit boutonné.
2e — Avant toutes lettres : traces de burin dans les marges et avant l'encadrement.
3e — Avec les noms des artistes. Sans aucunes autres lettres.
4e — Celui qui est décrit.
5e — On lit le mot : *déposé* au-dessous de : *Chez l'auteur rue des Mathurins*, le reste comme à l'état décrit.
6e — Au-dessous de *Tiré du Cabinet de M. Langlier,* on lit : *A Paris chez Le Loutre*. Le reste comme au 5me état.

Comparer cette pièce avec celle de Lavreince intitulée : LE CONTRETEMPS, gravée par Dequevauviller. (Voir notre Catalogue de Lavreince, n° 15.)

Il existe également une pièce de Challe ayant beaucoup d'analogie avec celle-ci. Elle est intitulée : THE OFFICIOUS WARTING WOMAN, et est gravée par Chaponnier.

De cette planche de Challe, il a été fait une petite réduction en couleur; on voit qu'au XVIIIe siècle ce sujet était particulièrement agréable et souvent répété.

Journal de Paris, lundi 1er novembre 1779. — LE CURIEUX, estampe gravée par P. Maleuvre d'après le tableau peint à gouache par P. A. Baudouin. Prix : 3 livres. A-Paris, chez l'auteur, rue des Mathurins, au coin de celle des Maçons.

---

18. — *LE DANGER DU TÊTE-A-TÊTE.*

Dans un riche intérieur, le soir, au coin du feu, une jeune femme en peignoir, les jambes croisées, écarte d'une main un jeune homme qui, à D., un genou en terre, devant elle, appuie sur ses genoux ses deux mains croisées et semble la supplier de répondre à son amour. A D., sur le premier plan, un tambour à broder. — Encadrement autour duquel court une petite guirlande de lierre. En B., tablette plus petite que l'encadrement de la gravure, et entourée de rinceaux ornementés

LE DANGER DU TÊTE-A-TÊTE

P. A. Baudouin pinx. — *Simonet sculp.*

Se vend a Paris chès Basan et Poignant Marchds d'Estampes rue et Hotel Serpente.

H. $0^{m}252$. — L. $0^{m}196$.

La gouache originale d'après laquelle cette gravure a été faite, figurait, en 1776, dans le cabinet de Mlle Testard, danseuse à l'Opéra. Elle fut vendue à cette époque 500 livres avec celle de *La Toilette.*

1er ÉTAT. Épreuve d'eau-forte pure, avant toutes lettres, T. C., sept filets, traces de burin dans les marges.

2e — L'encadrement ornementé n'existe pas. Il est remplacé par un encadrement, fond uni au-dessous duquel se trouvent, en B., au M., des armes. Sans aucunes lettres.

3e — Celui qui est décrit.

Les armes qui se trouvent gravées dans le 2me état et qui ont disparu dans l'état définitif de la planche, sont les mêmes que celles qui se trouvent dans la pièce intitulée : *La Soirée des Thuileries,* à laquelle elle devait évidemment servir de pendant.

---

19. — *LE DÉSIR AMOUREUX.*

Une femme assise au pied d'un arbre de pr., à G., laisse échapper de sa main un livre enflammé. La fumée et le feu qui s'en échappent couvrent tout le milieu de la composition. A G., on voit, dans une éclaircie, deux colombes se becquetant sur un lit de roses. De tous côtés des amours entourent cette allégorie. — Pièce ovale, un filet.

Au-dessous du fil., en B., à G., *Baudoin Pinxit.* — à D. *Mixelle J. sculp.*

LE DÉSIR AMOUREUX

A Paris chez Pavard Rue St Jacques no 24. A. P. D. R.

H. 0m305. — L. 0m240.

Pièce en couleur.

1er ÉTAT. Avant toute lettre. Dans cet état, les deux colombes sont remplacées par un homme couché sur une femme qu'il embrasse sur la bouche. On ne voit que leurs deux bustes, le reste de leurs corps est caché par les nuages qui sont au milieu de la composition.

2e — Celui qui est décrit.

Journal de Paris, jeudi 27 mars 1788. No 87. — LE DÉSIR AMOUREUX, estampe en couleur gravée par Mixelle d'après Baudouin. Prix : 6 livres. A Paris, chez Pavard, rue S.-Jacques, no 24.

(*) — *L'ENLÈVEMENT. — Voir ci-dessous la description de cette planche sous la rubrique :* L'ENLÈVEMENT NOCTURNE.

---

20. — *L'ENLÈVEMENT NOCTURNE.*

La scène se passe la nuit, au pied du mur d'un couvent. On voit, à G., une voiture attelée de deux chevaux sur l'un desquels est un petit postillon. Un valet entr'ouvre le tablier de la voiture pour y laisser monter une jeune femme qui descend par une échelle posée contre le mur, et qui est reçue en bas par son amant qui la presse dans ses bras. La soubrette de la jeune femme est en train de passer la crête du mur sur lequel elle est à califourchon, un pied déjà posé sur un échelon de l'échelle. A D., un domestique tenant un cheval en main. — T. C. au-dessous du T. C., en B., au M. un fleuron ovale entouré d'une couronne de chêne et de roses, dans lequel on voit entrelacés un F. et un B. Autour du fleuron des pinceaux, des palettes, des outils de graveur, etc., etc.

Peint à Gouasse par A. Baudouin Peintre du Roi. *Gravé par Nicolas Ponce.*

L'ENLÈVEMENT NOCTURNE

Dédié à Monsieur Basan graveur.

A Paris chez l'auteur rue St Hyacinte Maison de Mr De Bure.

Par son ami et serviteur Ponce.

H. 0m383. — L. 0m303.

1er ÉTAT. Eau-forte. Simple T. C., sans aucunes lettres.

2e — Avec le fleuron, les noms des artistes, sans aucunes autres lettres.

3e — Celui qui est décrit.

4e — Dans un tirage plus moderne, l'adresse de Ponce est remplacée par la suivante : *A Paris chez l'auteur, graveur ordinaire du Cabinet de Mgr le Comte d'Artois, de l'Académie Royale des sciences, Belles-lettres et arts de Rouen, etc. Rue Ste Hyacinthe no* 19. Le reste comme à l'état décrit.

Il a été fait de cette planche une reproduction sur bois dans l'*Histoire des Peintres* de Charles Blanc. Beaucoup plus petite que l'estampe originale, elle est entourée d'un simple T. C. et d'un filet au-dessous duquel on lit en B., à G., *A. Paquier del.*; au M., *A. Baudouin pinx.*; à D., *Delangle sc.*, et plus B., au M., le titre : L'ENLÈVEMENT.

H. 0m164. — L. 0m130.

Mercure de France, 18 novembre 1780. — L'ENLÈVEMENT NOCTURNE, dédié à M. Basan, graveur, peint à gouasse, par M. Baudoin, peintre du Roi, gravé par Nicolas Ponce, à Paris chez l'auteur rue Saint-Hyacinthe, maison de M. Debure. Estampe faisant pendant au *Coucher de la Mariée.* Prix : 6 livres.

Journal de Paris, mardi 28 novembre 1780. No 333. — L'ENLÈVEMENT NOCTURNE, estampe gravée par Nicolas Ponce d'après A. Baudouin, peintre du Roi. A Paris, chez l'auteur, rue S.-Hyacinthe, maison de M. de Bure. — Cette estampe, dont la lumière est un clair de lune, nous a paru en bien rendre l'effet, et la partie du paysage y est bien traitée. Nous croyons qu'elle est en droit de plaire.

Journal de Paris, mercredi 13 décembre 1780. No 351. — L'ENLÈVEMENT NOCTURNE, annoncé dans notre feuille du 28 novembre dernier, est de même grandeur et destiné à faire pendant à l'estampe du *Coucher de la mariée,* peint aussi par M. Baudouin. Le prix est de 6 livres. On les trouve chez l'auteur, M. Ponce, rue S.-Hyacinthe, place S.-Michel.

---

21. — *L'ÉPOUSE INDISCRÈTE.*

Un jeune homme dans la ruelle d'un grand lit complétement défait a renversé une soubrette sur les matelas et cherche à lui faire violence. Celle-ci a saisi avec la main la queue de la perruque du jeune homme et le maintient de la sorte en respect. A D., cachée derrière des matelas posés sur des chaises, l'épouse, un genou en terre, considère la scène qui se passe sous ses yeux. — T. C.

Peint à gouasse par P. A. Baudouin Peintre du Roi. *Gravé par N. de Launay 1771.*

L'ÉPOUSE INDISCRÈTE

A son altesse sérenissime Prince Palatin du Rhin. *Monseigneur Christian IV. duc régnant des deux Ponts.*

A Paris chès l'auteur rue de la Bûcherie la 1re porte cochère au dessous de la rue des Rats. *Par ses très humbles et très obéissants serviteurs Baudouin et De Launay.*

Avec Privilège du Roi.

H. 0m347. — L. 0m267.

Le sujet de *L'Épouse indiscrète* a été traité plusieurs fois par Baudouin avec quelques différences dans les attitudes des personnages. Nous connaissons, de cette composition, deux gouaches, dont l'une est actuellement dans le cabinet de M. Edmond de Goncourt et dont l'autre a passé tout récemment à l'Hôtel des Ventes (mercredi 10 et jeudi 11 mars 1875), dans la collection du Prince Paul Galitzin où elle était cataloguée sous le no 18. Dans celle qui appartient à M. de Goncourt l'épouse n'est plus accroupie derrière les matelas; elle s'est levée et sa tête arrive au niveau du paravent improvisé. Dans l'autre, au contraire, la position de la femme qui regarde est identique à celle de la gravure, ce qui ferait croire que c'est d'après cette dernière que Delaunay a fait sa gravure. Une de ces gouaches figurait dans le cabinet Paignon-Dijonval. Elle est mentionnée page 150 de son catalogue, première partie, no 3542.

1er État. Eau-forte, entourée d'un simple T. C., sans aucunes lettres.
2e — Avant les armes. Sans aucunes lettres.
3e — Avec le titre, les armes, les noms des artistes, sans aucunes autres lettres.
4e — Celui qui est décrit.
5e — Des points dans les losanges formés par les tailles sur le matelas derrière la tête de la servante. Le reste comme à l'état décrit.

Mercure de France, mai 1771. — L'Épouse indiscrète et la Sentinelle en défaut, deux estampes en pendant d'environ 17 pouces de hauteur sur 12 de largeur, gravées par De Launay d'après les tableaux de M. Baudouin, peintre du Roi, dédiées à S. A. S. Mgr Christian IV, prince Palatin, duc régnant des Deux-Ponts. — On connaît les compositions ingénieuses et pleines de grâce et de goût de M. Baudouin, peintre du Roi, qui excellait dans les sujets galants. Les deux estampes que nous annonçons sont d'un genre précieux et très-bien gravées. Elles se vendent 6 livres chacune chez M. De Launay, rue de la Bûcherie, la porte cochère au-dessous de la rue des Rats.

(*) — *L'ÉVEILLÉ. — Voir ci-dessous la description de cette planche sous la rubrique :* Marchez tout doux, parlez tout bas.

(*) — *LA FILLE MAL GARDÉE. — Voir ci-dessous la description de cette planche sous la rubrique :* Marchez tout doux, parlez tout bas.

---

22. — (*FRONTISPICE POUR UN CATALOGUE DE VENTE*).

Dans une chambre dont les murs sont tapissés de tableaux, et près d'une fenêtre, des huissiers-priseurs dirigeant une vente. Ils sont assis devant une grande table autour de laquelle sont de nombreux amateurs. On remarque entre autres, au milieu de la table, à G., un homme ayant une perruque sur la tête, des lunettes sur le nez, écrivant sur un papier avec une plume qu'il tient de la main gauche. A D., un homme assis sur une chaise, vu de dos et regardant une estampe qu'il vient de tirer d'un portefeuille placé à ses pieds. Un autre personnage, la main sur le dossier de sa chaise, lui montre de son autre main cette estampe. A D. de la composition, un chien assis sur son train de derrière. — T. C.

Baudouin inv. *Huquier fil. sculp.*

H. $0^{m}120$. — L. $0^{m}076$.

Cette petite vignette à l'eau-forte est placée en tête du Catalogue de la vente du cabinet du duc de Tallard, dont nous donnons ci-dessous le titre détaillé.

Catalogue | raisonné | des | Tableaux | sculptures | tant de marbre que de bronze | desseins et Estampes | des plus grands maîtres | porcelaines anciennes | meubles précieux, bijoux | et autres effets | qui composent le cabinet de feu Monsieur | le duc de Tallard | Par les sieurs Remy et Glomy | à Paris | Chez Didot Libraire et imprimeur | Quai des Augustins à la bible d'or. | MDCCLVI. —

1er ÉTAT. *Baudouin inv.* n'existe pas. Le reste comme à l'état décrit.
2e — Celui qui est décrit.

La planche qui avait servi à illustrer le Catalogue de la vente TALLARD, fut utilisée plusieurs fois encore dans les ventes du XVIIIe siècle, et nous la retrouvons à la tête des Catalogues dont nous donnons ci-dessous l'énumération.

Catalogue de la Vente Potier, 1757.	Voir Cabinet des Estampes.	. . . .	Yd. 37.
Catalogue de la Vente Babaut, 1763.	—	—	Yd. 50.
Catalogue de la Vente Bailly, 1766.	—	—	Yd. 65.
*Catalogue de la Vente de M***,* 1774.	—	—	Yd. 90.

23. — *LE FRUIT DE L'AMOUR SECRET.*

Assise sur un fauteuil près d'un lit dont les rideaux sont fermés, les pieds sur un coussin, une jeune femme qui vient d'accoucher se retourne à D. et donne la main à son amant que l'on voit de dos assis sur une chaise, près d'une table. La jeune accouchée retient de son autre main par son maillot son enfant qu'une femme tient dans ses bras et va livrer à un homme enveloppé d'un manteau qui tend les mains pour le recevoir. Dans le milieu de la composition, une femme vue de dos semble soutenir la jeune mère et lui donner courage. — T. C.

Baudouin pinx. *Voyez Junior. sc.*

LE FRUIT DE L'AMOUR SECRET

Dédié à Monsieur Louis Henry de La Tour du Pin
Chevalier de l'ordre Royal et militre de St Louis, Brigadier des armées du Roi et Premier Veneur de Mgr le Duc d'Orléans

A Paris chez Le Père et Avaulez rue St Jacques à la ville de Rouen et chez Alibert Jardin du Palais-Royal.

Par son très humble et très obéissant serviteur. Alibert.

H. $0^{m}380$. — L. $0^{m}200$.

La gouache originale d'après laquelle cette gravure a été faite figurait à l'Exposition des tableaux du Louvre, en 1767, sous le n° 74, et avec le titre : *Le sentiment de l'amour et de la nature cédant pour un temps à la nécessité.* Avant d'exposer cette gouache, Baudouin la faisait passer sous les yeux de Diderot, qui s'exprimait ainsi à ce sujet : « ... Baudouin m'envoya il y a quelque temps son : *Enfant trouvé.* Je n'osai pas en dire ma pensée. Mais je vous dis à vous que ce n'est qu'une jolie enseigne de sage-femme. » Juillet 1767. (*Lettres inédites de Diderot à Falconet, publiées par M. Charles Cournault*, page 30.)

Il existe au Louvre, dans la collection des dessins en portefeuille, sous le numéro d'ordre 23699, une esquisse de Baudouin qui est évidemment la première pensée, l'ébauche du *Fruit de l'amour secret.* Cette petite pièce, remplie de *repentirs*, c'est-à-dire de morceaux de papier rapportés et découpés suivant les modifications faites par l'artiste à son idée primitive, est dessinée à la pierre noire, avec des dessous de sanguine, des rehauts de sépia et quelques teintes plates à l'aquarelle. Elle est signée en B., à D., à l'encre : *Beaudouin.* Elle est curieuse à voir, en ce sens qu'elle témoigne de la manière dont procédait l'artiste, et de la façon dont il jettait sur le papier ses premières inspirations. — Elle mesure 0m220 de H. sur 0m166 de L.

1er ÉTAT. Avant les armes, avant toutes lettres. Nombreuses traces de burin dans les marges.
2e — Avec les armes. Avant toutes lettres et avec de nombreuses traces de burin dans les marges.
3e — Celui qui est décrit.

Mercure de France, juin 1777. — LE FRUIT DE L'AMOUR SECRET, estampe nouvelle, très-intéressante, d'après le tableau de feu M. Baudouin, peintre du Roi, gravée dans un style pittoresque par M. Voyez le jeune. Prix : 3 livres. Chez Le Père et Avaulez, rue S.-Jacques, A la ville de Rouen, et chez Alibert, au jardin du Palais-Royal.

Journal de Paris, 15 mai 1777. N° 135. — LE FRUIT DE L'AMOUR SECRET, dédié à M. Louis de La Tour du Pin, chevalier de l'ordre royal et militaire de Saint-Louis, brigadier des armées du Roi, premier veneur de Mgr le duc d'Orléans. A Paris, chez Le Père et Avaulez, rue S.-Jacques, A la ville de Rouen, et chez Alibert, jardin du Palais-Royal. — Cette estampe, de 16 pouces de hauteur sur 12 de largeur, est gravée par Alibert d'après le tableau de Baudouin. Le sujet en est très-agréable, gravé avec soin et propreté.

Diderot. — Salon de 1767. — N° 2. — Le sentiment de l'amour et de la nature cédant pour un temps à la nécessité. — C'est la pièce ci-dessus décrite sous le titre : *Le Fruit de l'amour secret.*

« A droite, sur le devant, l'extrémité d'un lit qu'on appelle le *lit de misère;* plus, sur le fond, un quidam le nez enveloppé d'un manteau et recevant un nouveau-né emmaillotté. Un peu plus sur le fond et vers la gauche, en coiffure noire, en mantelet, en mitaines, une sage-femme qui présente l'enfant au quidam et prête à sortir. Au centre, sur le devant, une jeune fille assise sur une chaise, toute rajustée, dans la douleur, retenant d'une main son enfant, qu'on lui enlève, et serrant de l'autre main la main du père. Placée un peu plus à gauche, sur un tabouret, et vue par le dos, une amie penchée vers l'accouchée et la déterminant au sacrifice. Tout à fait à gauche, devant une petite table, un jeune talon rouge, vu par le dos, serrant la main qu'on lui a tendue, la tête penchée sur son autre main ou renversée en arrière, je ne sais lequel des deux, et dans l'attitude du désespoir. Il est proche d'une porte vitrée qui éclaire la chambre de la sage-femme, où l'on voit des lits numérotés.

« J'ai déjà dit au Salon précédent ce que je pensais de ce morceau; j'ai dit que la scène, placée dans un grenier où la misère aurait relégué un pauvre père, une pauvre mère nouvellement accouchée et réduite à abandonner son enfant, serait infiniment plus favorable au technique. Ce ne sont pas des tuiles, des chevrons, des toiles d'araignées qui sont vils, c'est un mélange de luxe et de pauvreté. Un paysan en sabots, en guêtres, mouillé, crotté, vêtu de toile, un bâton à la main, la tête couverte d'un méchant feutre, est bien; un laquais avec sa livrée usée, ses bas gris, sa culotte de chamois, son chapeau bordé, son vêtement taché, est dégoûtant. Quant aux mœurs de celui de Baudouin et de celui que j'imagine, c'est la différence des bonnes et des mauvaises. Composition froide, point de vérité, exécution faible de tout point; mais les figures ont de la proportion et du mouvement. — D'accord. — L'accouchée est bien ajustée. — Trop bien... Est-ce qu'il ne devrait pas y avoir dans sa coiffure, dans le désordre de ses cheveux et de son vêtement, des vestiges de la scène qui a précédé? — Il y a de la douleur dans sa tête, et les bras en sont bien dessinés. — Mais ses pieds ne sont-ils pas trop petits et décolorés par la vigueur du coussin qui les supporte, et la tête de cet enfant est-elle soutenue comme elle devrait l'être? Est-ce ainsi qu'on porte et qu'on donne un nouveau-né? — Et ce lit de misère est-il touché? — Pourquoi cette sage-femme hors de son état? Je lui aimerais bien mieux des restes de la fatigue de son métier. C'est tout cet apprêt qui fait le petit, le mauvais, qui chasse la nature. C'est qu'il faut un goût plus original, un sentiment plus vif du vrai, pour tirer parti de ces sortes de sujets. Et puis le tout est gris... Monsieur Baudouin, vous me rappelez l'abbé Cossart, curé de Saint-Remi, à Dieppe. Un jour qu'il était monté à l'orgue de son église, il mit par hasard le pied sur une pédale. L'instrument résonna, et le curé Cossart s'écria : « Ah! ah! je joue de l'orgue!... Cela « n'est pas si difficile que je croyais. » Monsieur Baudouin, vous avez mis le pied sur la pédale, et puis c'est tout. »

Mémoires secrets de Bachaumont. — Salon de 1767.

« M. Baudouin attire l'attention du public par deux petits tableaux peints à gouasse; l'un est *le Coucher de la Mariée,* l'autre est : *Le sentiment de l'amour et de la nature cédant pour un temps à la nécessité.* — C'est une jeune personne qui accouche et est obligée d'envoyer le nouveau-venu aux Enfants-Trouvés. On y lit ces vers : *Fecit amor, pietas mittit, Fortuna reducet.* On aime mieux ce dernier, parce qu'il est plus épigrammatique et d'un intérêt plus général. D'un autre côté il est si peu exprimé que l'auteur est obligé d'y suppléer par une devise, par une enseigne à la maison de sage-femme..., etc., et que l'action n'est pas encore expliquée au premier coup d'œil. Quoi qu'il en soit, toutes les femmes veulent voir ce tableau; les filles surtout ne se lassent de le regarder. Plus d'une jeune personne en le voyant peut se dire, autant m'en pend à l'oreille. Monsieur Baudouin met beaucoup d'esprit dans ces sujets et même du sentiment. C'est le *Greuze* de la miniature.

(*) — *LES FRUITS DES CONTES LASCIFES. — Voir ci-dessus la description de cette planche sous la rubrique :* LES AMANTS SURPRIS.

---

24. — *LE GOUTER*

Dans le rond-point d'un jardin, entouré d'une architecture de treillage, un homme et une femme. La femme à G., assise sur un banc de bois, sa petite fille debout près d'elle, prend une glace qu'un nègre, coiffé d'un turban à plumes, lui présente sur un plateau. L'homme est assis sur une chaise en face d'elle, une main posée sur une table qui est entre eux d'eux, l'autre main tenant un livre. A D., par terre, une poupée. A G. on aperçoit les têtes d'un paysan et d'une paysanne qui s'embrassent. — T. C. Un fil. En H., à D., au-dessus du fil, *N°* 1026.

Peint par Baudouin peintre du Roy. *Bonnet direxit.*

LE GOUTER

A Paris chez Bonnet rue du Plâtre St Jacques no 12.

H. $0^{m}246$. — L. $0^{m}193$.

Petite pièce en couleur faisant partie d'une suite de quatre gravées par Bonnet. Baudouin a dessiné celle dont nous donnons ci-dessus la description. Les trois autres, qui ont été dessinées par Huet, sont intitulées : LE DÉJEUNER, *n°* 1025, LE DÎNER, *n°* 1037, LE SOUPER, *n°* 1036. Elles sont mentionnées toutes les quatre et à leurs numéros dans le « *Catalogue d'Estampes dans le nouveau genre de gravure, tant à la manière du pastel qu'aux deux crayons, le noir rehaussé de blanc sur le papier bleu, par le sieur Bonnet, gratifié, pensionné du Roi pour l'invention de ces nouvelles gravures, à Paris rue Saint-Jacques, au coin de celle de la Parcheminerie, au magasin anglais, s. l. n. d., in-8°.* »

(*) — *IMAGE POUR ÉVITER LES CONTES LASCIFES — Voir ci-dessus la description de cette planche sous la rubrique :* LES AMOURS CHAMPÊTRES.

(*) — *L'INNOCENCE. — Voir ci-dessus la description de cette planche sous la rubrique :* LES AMOURS CHAMPÊTRES.

---

25. — *LE JARDINIER GALANT.*

Dans la cour d'une ferme, près d'un puits enguirlandé de pampres, une jeune paysanne assise de 3/4 à D. sur un banc de bois, abandonne ses deux mains à un paysan qui, assis par terre à ses pieds, passe un bras autour du cou de la jeune fille et appuie sa joue contre la sienne. A D., sur un escalier, une autre jeune fille considérant cette scène avec un sentiment de jalousie. — Encadrement, avec tablette inférieure en forme de ruban; les armes reposent sur un socle ornementé.

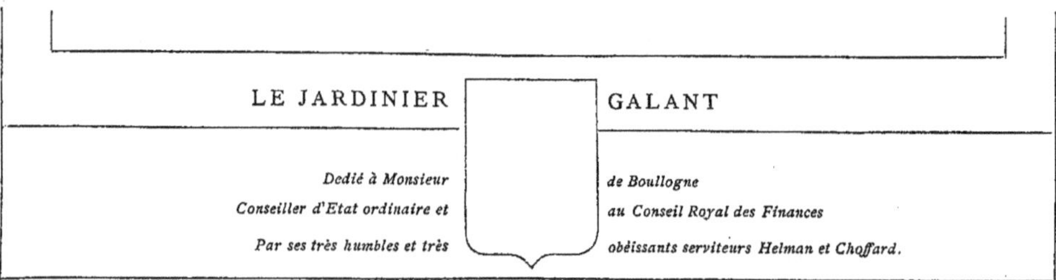

LE JARDINIER GALANT

Dedié à Monsieur de Boullogne
Conseiller d'Etat ordinaire et au Conseil Royal des Finances
Par ses très humbles et très obéissants serviteurs Helman et Choffard.

Peint à Gouasse en 1768 par Baudouin. — *Gravé en 1778. par Helman.*

A Paris chès l'auteur graveur de Mgr le Duc de Chartres rue des Mathurins au petit Hotel de Cluny et chès Choffard Cour des Quinze Vingts.

H. 0m309. — L. 0m224.

La gouache originale d'après laquelle cette gravure a été faite se trouve actuellement à Beauvais, dans le cabinet de M. Alexandre de Laberche. Elle est signée *A. P. Baudouin*, 1768, et provient de la collection du marquis de Bonnières. Elle faisait partie du cabinet de M. Bruun-Neergaard, dispersé le 24 août 1814. Cette gouache, avec celle de ROSE ET COLAS, fut adjugée à cette époque pour la somme de 25 francs.

1er ÉTAT. Épreuve d'eau-forte pure, avant toutes lettres. L'encadrement n'est pas terminé; le ruban inférieur est blanc.
2e — Terminée au burin, avec les armes, avant toutes lettres.
3e — Celui qui est décrit.

Il a été fait de cette planche une reproduction sur bois dans l'*Histoire des Peintres* de Charles Blanc. Beaucoup plus petite que l'estampe originale, elle est entourée d'un simple T. C. et de deux filets, au-dessous desquels on lit, en B., à G. : *A. Paquier del.*; au M., *Baudouin P.;* à D., *L. Chapon sc.*, et au-dessous, au M., le titre : LE JARDINIER GALANT.

H. 0m155. — L. 0m114.

Cette reproduction a également servi à illustrer le 2e volume de l'*Annuaire des artistes et des amateurs*, où elle sert de prospectus à l'annonce de l'*Histoire des Peintres* de Charles Blanc. Dans cet état elle est tirée sans texte au verso. — *Annuaire des artistes et des amateurs, publié par Paul Lacroix,* 1860. *Paris, Ve Jules Renouard, éditeur. — MDCCCLX.*

Journal de Paris, mardi 28 avril 1778. No 118. — LE JARDINIER GALANT, dédié à M. de Boullongne, conseiller d'État ordinaire et au Conseil royal des finances. — Cette estampe, gravée avec esprit et légèreté par Helman d'après le tableau de Baudouin, se vend chez l'auteur, rue des Mathurins, petit hôtel de Cluny, et Choffard, cour des Quinze-Vingts.

(*) — *LA JEUNE BOUQUETIÈRE. — Voir ci-dessous la description de cette planche sous la rubrique :* MARTON.

(*) — *LA JEUNE FLORE.* — *Voir ci-dessous la description de cette planche sous la rubrique :* LE LÉGER VÊTEMENT.

---

26. — *JI VAIS.*

Une jeune femme assise dans son lit, accoudée sur son oreiller, une main devant sa bouche. Elle a les seins et les jambes découverts, un pied pendant hors du lit et posé sur un tabouret; elle est coiffée d'un bonnet. Près d'elle à G. une table sur laquelle se trouvent un livre et un flambeau. — T. C, Un fil. Au-dessus du fil., en H. à D., n° 824.

Beaudouin Pinx. *L. Marin. sculp.*

JI VAIS

H. 0m193. — L. 0m232.

Petite pièce en couleur dans le genre de Bonnet.

1er ÉTAT. A D., *Le Marin* au lieu de *L. Marin.* Le reste comme à l'état décrit.
2e — Celui qui est décrit.

Le numéro 824, qu'on lit au haut de l'estampe, est celui du *Catalogue Bonnet.* (Voir ci-dessus : LE GOUTER.)

---

27. — *JUSQUES DANS LA MOINDRE CHOSE......*

Une jeune fille assise sur un banc, de 3/4 à D., en train d'effeuiller une rose sur les pages d'un livre qu'elle tient sur ses genoux. A D. sur le banc, un rosier dans un pot. — Pièce ovale, entourée d'un encadrement rectangulaire figurant des assises de pierre. — Tablette inférieure.

Jusques dans la moindre chose
Je vois mon amant empreint
Quand j'éparpille une rose,
Dans chaque feuille il est peint.

Pient (sic) à gouache par Baudouin. *Gravé par L. J. Masquelier.*

Se vend à Paris chès Basan et Poignant Mds d Estampes rue et Hotel Serpente.

H. 0m148. — L. 0m126.

1er ÉTAT. Épreuve d'eau-forte, avant toutes lettres.
2e — Avec les noms des artistes, sans aucunes autres lettres et la tablette blanche.
3e — Avec le premier des quatre vers seulement sur la tablette, et l'année 1774 suivant le nom de *Masquelier.*
4e — Celui qui est décrit.

L'estampe ci-dessus a été inspirée par une scène de l'opéra bouffon : *On ne s'avise jamais de tout.* Nous avons cru intéressant de donner quelques renseignements bibliographiques sur cet opéra et de citer en entier la scène d'après laquelle *Baudouin* a composé sa gouache.

ON NE S'AVISE JAMAIS DE TOUT

OPÉRA BOUFFON EN UN ACTE,

MIS EN MUSIQUE PAR M. M*** (MONSIGNY, PAROLES DE M. SEDAINE),

Représenté à Versailles devant Leurs Majestés le mercredy 2 décembre 1761.

PRIX EN BLANC, 12 L. — GRAVÉ PAR LE S[r] HUE.

A Paris, chez le sieur HUE, graveur, rue S.-Honoré, attenant le Palais-Royal, vis-à-vis le Caffé du Sr Dupuis, au 2°, et aux adresses ordinaires de musique.

AVEC APPROBATION ET PRIVILÈGE DU ROY.

SCÈNE VIII.

LISE, MARGARITA, DORVAL.

LISE.

Ah! ma bonne! Ah! que c'est beau les rues!

MARGARITA.

Oui, cette rue-ci est belle.

LISE.

J'y respire un air plus pur, plus frais, plus doux! Ah! (*Elle aperçoit Dorval.*)

MARGARITA.

Quoi!

LISE.

Ah! ma bonne, mes genoux tremblent sous moi.

MARGARITA.

C'est le grand air.

LISE.

Arrêtons ici un instant.

MARGARITA.

Je le veux bien, il ne passe personne.

LISE.

Ma bonne, pourquoi donc toute cette contrainte?

MARGARITA.

Votre tuteur a ses raisons.

LISE.

Est-ce pour se faire aimer?

MARGARITA.

Non; mais afin qu'on ne vous aime pas.

LISE.

Ah! si on m'aimait, si j'aimais, je ferais comme une pensionnaire de mon couvent.

MARGARITA.

Comment faisoit-elle?

LISE.

Voici ce qu'elle chantait.

ARIETTE.

Jusques dans la moindre chose,
Je vois mon amant empreint,
Quand j'éparpille une rose
Dans chaque feuille il est peint.
Je le vois dans le nuage
Que l'air promène à son gré;
Pour moi, tout est son image,
Mon cœur en a soupiré.
Si je brode quelque ouvrage,
Dans le dessein nuancé,
Je vois ses traits, son visage,
Sur le canevas tracé.
Si je lis, à chaque page,
Son nom me semble placé,
Par l'écho du voisinage
Il est toujours prononcé.
Qu'un son frappe mon oreille,
J'écoute, et dans mes sens,
Mon âme qui toujours veille,
Croit entendre ses accens.
Ces accens, ce son si tendre,
Ce son de voix enchanteur,
Ces accens qui font entendre
Tout ce qui flatte mon cœur.

(*) — *LA LEÇON D'AMOUR.* — *Voir ci-dessus la description de cette planche sous la rubrique :* LES AMOURS CHAMPÊTRES.

---

28. — *LE LÉGER VÊTEMENT.*

Jeune femme de face, poudrée, une main soutenant sa joue, l'autre posée sur ses genoux. Elle a un rang de perles qui passe en travers sur sa poitrine, et une guirlande de roses autour du corps. — Pièce ovale entourée d'un rectangle figurant de la pierre. En B., au-dessous de l'ovale, tablette où est inscrit le titre.

LE LEGER VÊTEMENT

P. A. Baudouin pinx. *Chevillet sculp.*

Se vend à Paris chès Basan et Poignant marchds d'Estampes rue et Hotel Serpente.

H. 0m155. — L. 0m135.

1er ÉTAT. Avant le titre. Le reste comme à l'état décrit.
2e — Avec le titre et les noms des artistes, sans aucunes autres lettres.
3e — Celui qui est décrit.

Il a été fait de cette planche une copie en couleur, sous le titre : L'AGRÉABLE NÉGLIGÉ, gravée par Janinet. Elle est ovale également et entourée d'un rectangle qui, ici, figure le marbre. La tablette inférieure n'existe plus, et l'ovale qui circonscrit la gravure est beaucoup plus grand que dans la pièce en noir.

Baudouin pinx. *Janinet sculp.*

L'AGRÉABLE NÉGLIGÉ

Se vend à Paris chez Basan et Poignant mds d'Estampes rue et Hotel Serpente.

H. 0m186. — L. 0m152.

L'AGRÉABLE NÉGLIGÉ fait partie d'une suite de quatre pièces, ayant absolument le même encadrement, les mêmes dimensions. Elles sont du même graveur et publiées par le même éditeur. Les trois estampes qui forment cette suite avec celle ici décrite sont : L'AIMABLE PAYSANNE, d'après *St Quentin*, LA COMPAGNE DE POMONE et LA RÉUNION DES PLAISIRS, toutes deux d'après *Le Clerc.*

Il a été fait encore du LÉGER VÊTEMENT une petite réduction en contre-partie, au bistre et au pointillé, sous le titre : LA JEUNE FLORE. — La jeune femme est ici à mi-corps, assise, de face, légèrement tournée vers la G., une main soutenant son menton. Elle a des perles dans la tête, un rang de perles passe sur sa poitrine nue, de G. à D. Les seins découverts, une guirlande de roses entoure sa taille. — Pièce ovale en forme de médaillon, sans entourage ni encadrement. — En B., à G., au-dessous de l'ovale : *Baudouien.* Et au-dessous du titre : *A Paris chez Crepy Rue St Jacques nº 252.*

H. 0m99. — L. 0m82.

Journal de Paris, mardi 29 décembre 1779. Nº 363. — On trouve chez Basan et Poignant, marchands d'estampes, rue et hôtel Serpente, l'AGRÉABLE NÉGLIGÉ. — Estampe coloriée, gravée par Janinet d'après Baudouin. Prix : 4 livres.

---

29. — *LE LEVER.*

Dans un riche intérieur, une jeune femme assise sur son lit, les pieds posés à terre, à peine couverte par sa chemise, les seins et les jambes découverts. Elle est de face, la tête tournée de 3/4 à G. vers un chat qui est posé près d'elle sur le lit. A D., une soubrette agenouillée par terre lui présente ses deux pantoufles, et une seconde servante se dispose à lui passer un peignoir par-dessus la tête. A D., un paravent masquant une porte entr'ouverte. — Encadrement avec tablette inférieure.

LE LEVER

Avec privilège du Roi.

Peint à Gouasse par P. A. Baudouin Peintre du Roi. *A Paris chez Mad. Baudouin au Louvre.* *Gravé par Massard en 1771.*

H. $0^{m}247$. — L. $0^{m}192$.

La gouache originale d'après laquelle cette gravure a été faite figurait à l'exposition des tableaux du Louvre en 1765, sous le n° 101 et avec le titre : *Le lever.*

1er ÉTAT. A l'eau-forte pure, avant toutes lettres, entourée d'un simple T. C.

2e — Épreuve d'eau-forte, entourée d'un simple T. C. Le titre est en capitales grises, au M., au-dessous du T. C. — A G., à la pointe sèche, au-dessous du titre : *Peint à gouasse par P. A. Baudouin Peintre du Roi.* A D., *Gravé par Massard en* 1771. Sans aucunes autres lettres.

3e — Avec le cadre ornementé, les noms des artistes et la tablette blanche. Le reste comme à l'état décrit.

4e — Celui qui est décrit.

5e — *Avec privilège du Roi* a disparu. *A Paris chez Basan et Poignant rue et Hotel Serpente*, au lieu de : *A Paris chez Mad. Baudouin au Louvre.* Le reste comme à l'état décrit.

Il existe de cette planche une copie en contre-partie, avec quelques changements dans l'expression des figures. Nous n'avons jamais vu cette pièce que rognée, et nous ne pouvons que signaler son existence, sans donner sur elle des renseignements plus positifs.

L'encadrement ornementé qui entoure cette pièce ainsi que celle intitulée : LA TOILETTE, n'est pas de *Baudouin.* L'invention en est due à *C. N. Cochin.* Voir à : LA TOILETTE, les explications que nous donnons à ce sujet.

Mercure de France, mai 1772. — LE LEVER et LA TOILETTE, deux estampes en pendants, gravées, l'une par M. Massart, et l'autre par M. Ponce, d'après les tableaux de M. Baudouin, peintre du Roi, d'environ 12 pouces de largeur sur 15 de hauteur. Le prix de chaque estampe est de 4 livres. Chez Mme Baudouin, au Louvre. — Ces sujets sont traités avec beaucoup d'élégance; la composition en est galante, pleine de grâce et du plus heureux choix. Dans l'un, c'est une jeune beauté représentée au sortir de son lit, jouant avec un chat et servie par ses femmes; dans l'autre, une Grâce, d'une taille svelte, s'habille devant son miroir, tandis qu'un jeune homme la considère avec l'expression de l'amour et de l'admiration. Les accessoires de ces deux sujets sont riches et de bon goût; la gravure est d'un fini très-agréable.

Diderot. — Salon de 1765. — N° 101. — Le Lever.

« C'est une jeune femme assise sur le bord d'un lit en baldaquin, et qui vient d'en sortir. Debout, sur un plan un peu plus reculé, une femme de chambre lui présente sa chemise; à ses pieds, et plus sur le devant, une autre femme de chambre se dispose à lui mettre ses mules. Je ne sens pas le sel de cela : voilà des mules où ces pieds n'entreront jamais. Cela est ridicule et vrai. »

---

30. — (*MARCHEZ TOUT DOUX, PARLEZ TOUT BAS.*)

A D., par une fenêtre, un jeune paysan, son chapeau sur la tête, ses souliers à la main, s'introduit dans la chambre d'une jeune paysanne, que l'on voit debout, en chemise, les seins découverts et faisant signe à son amant d'observer le silence. A G., par une porte entr'ouverte, on aperçoit les parents de la jeune fille profondément endormis. — Encadrement avec tablette inférieure. En H., en dehors de l'encadrement à G., *n° III,* et à D., *B.*

A son Altesse Mgr le Prince de Ligne et du St Empire

Chevalier de l'ordre de la Toison d'or. Grand d'Espagne de la 1re classe.
Lieutenant Général des armées de sa Majesté Impériale et Royale, Gouverneur de Mons et du Haynault.
Colonel propriétaire d'un Régiment d'Infantrie & &.

Par son très humble et très respectueux serviteur Choffard 1782.

Peint à la Gouasse par P. A. Baudouin Peintre du Roi 1767. A Paris quay et batiment neuf des Thèatins. *Gravé par P. P. Choffard 1782.*

H. 0m310. — L. 0m226.

1er ÉTAT. Épreuve d'eau-forte avant toutes lettres. La partie supérieure des armes ménagée en blanc dans l'encadrement.

2e — Avec les armes, la tablette en blanc, sans aucunes lettres, et sans le numéro et le B qui se trouvent en H. dans les épreuves avec la lettre.

3e — Celui qui est décrit. Quelques exemplaires portent sous les armes *A. P. D. R.*

Il a été fait de cette planche une charmante petite réduction, tirée au bistre, en imitation de lavis, reproduisant identiquement la scène ci-dessus en contre-partie. Elle porte le titre de L'EVEILLÉ et est entourée d'un simple T. C. au bas duquel on lit, à G., *Beaudouin Pinxt.*, et à D., *Metz sculp.*

H. 0m177. — L. 0m132.

Il a été fait également de cette planche une imitation en lithographie, sous le titre : LA FILLE MAL GARDÉE. Elle est entourée de trois filets, au-dessus desquels on lit, en H., au M. : *Musée de l'Amateur,* et, à D., *n° 29*. En B., au-dessous des filets :

Peint par Baudouin. — Imp. Lith. de Formentin et Cie. — Lith. par Lesourd de Beauregard.

LA FILLE MAL GARDÉE.

A Paris publié par Jeannin Place du Louvre 20.

H. 0m220. — L. 0m168.

Nous n'avons jamais rencontré cette estampe avec son titre, mais nous lui avons donné celui de MARCHEZ TOUT DOUX, PARLEZ TOUT BAS, pour mémoire, et en raison de l'annonce suivante, parue au *Journal de Paris* au moment où elle fut mise dans le commerce :

Journal de Paris, mardi 19 novembre 1782. N° 323. — Estampe nouvelle, dédiée à S. A. Mgr le prince de Ligne, chevalier de l'ordre de la Toison d'or, grand d'Espagne de la première classe, et gravée par P. P. Choffard d'après le tableau de Baudouin. — Cette estampe, qui ne porte pas de titre, comme c'est l'usage ordinaire, représente un sujet qui rappelle la strophe de la chanson du *Chef d'œuvre d'un inconnu :* « MARCHEZ TOUT DOUX, PARLEZ TOUT BAS. » Il semble qu'on pouvait lui donner celui de *L'Éveillée du matin.* Elle complète une suite de quatre, d'après des tableaux du même auteur exposés dans les Salons de 1765 et 1767. Celle-ci est marquée du n° 3, et les autres sont exécutées. Les nos 1 et 4 ont été annoncés dans le *Mercure* d'avril 1768. Le n° 2 a été gravé par le sieur Helman sous le titre du *Jardinier galant.* — Cette nouvelle estampe de M. Choffard a beaucoup d'harmonie et d'effet, et la touche en est spirituelle. Elle se trouve chez l'auteur, qui, précédemment aux Quinze-Vingts, demeure actuellement quai et maison neuve des Théatins.

Nous avons cru intéressant de rechercher la chanson d'où est tiré le sujet de l'estampe de Baudouin. Elle est en tête d'un petit volume assez rare et bien connu des bibliophiles. Nous en donnons le titre détaillé, et nous reproduisons également *in extenso* la chanson.

Le Chef d'œuvre | d'un | inconnu. | Poëme heureusement découvert et mis au jour avec des remarques | savantes et recherchées | Par M. le docteur | Chrisostôme Matanasius. | On trouvera dans ce volume une lettre | à | Monseigneur le duc D... | Une dissertation sur Homère et sur | Chapelain. | Avec trois tables très amples par ordre | alphabétique | .

Infelix eorum ignorantia, qui ea damnant
quæ non intelligunt. Lib. inc. § 1, *art.* XV.

A la Haye.
Aux dépens de la Compagnie
Anno Æ. V. MDCCXIV.
Ab. Instauration. litterarum primo.

Le docteur *Chrisostôme Matanasius* est un pseudonyme sous lequel s'est caché *Hyacinthe Cordonnier*, plus généralement connu sous le nom de : *Thémiseul de Saint-Hyacinthe*, littérateur, né à Orléans le 24 septembre 1683, mort à Genecken, près de Breda, en 1746.

La chanson ci-dessous est en tête du volume dont nous venons de parler et sert de canevas à la dissertation très-originale et très-spirituelle du docteur Matanasius.

L'autre jour, Colin malade
Dedans son lit,
D'une grosse maladie,
Pensant mourir,
De trop songer à ses amours,
Ne peut dormir,
Il veut tenir celle qu'il aime
Toute la nuit.

Le Galant y fut habile,
Il se leva,
A la porte de sa belle,
Trois fois frappa.
Catin, Cathos, Belle Bergère,
Dormez-vous?
La promesse que vous m'avez faite
La tiendrez-vous?

La fillette fut fragile,
Et se leva.
Toute nue en sa chemise,
La porte ouvra.
Marchez tout doux, parlez tout bas,
Mon doux ami,
Car si papa vous entend,
Morte je suis.

Le Galant, qui fut honnête,
Droit se coucha;
Entre les bras de sa belle
Se reposa.
Ah! je n'ai pas perdu ma peine,
Aussi mes pas,
Puisque je tiens celle que j'aime
Entre mes bras.

J'entends l'alouette qui chante
Au point du jour.
Amant, si vous êtes honnête,
Retirez-vous.
Marchez tout doux, parlez tout bas,
Mon doux ami,
Car si mon papa vous entend,
Morte je suis.

---

31. — *MARTON.*

Une jeune femme à mi-jambes, de face, tenant d'une main sur sa tête une corbeille pleine de fleurs, au milieu desquelles on aperçoit la tête et les ailes d'un petit amour. De son autre main elle tient une rose dont elle respire l'odeur. A G., sur un socle, un vase de fleurs. — Médaillon ovale, entouré d'un encadrement rectangulaire avec tablette inférieure.

MARTON

Je vends des bouquets,
Des jolis bouquets,
Ils sont tous frais, &, &.

Beaudouin pinxit. *N. Ponce sculp.*

Se vend à Paris chez Basan et Poignant Mds d'Estampes rue et Hl Serpente.

H. $0^{m}145$. — L. $0^{m}125$.

1er ÉTAT. Avec les noms des artistes, sans aucunes autres lettres.
2e — Celui qui est décrit.

Il a été fait de cette planche une copie sous le titre : LA JEUNE BOUQUETIÈRE. Elle est ici de face, à mi-jambes, son panier de roses sur la tête; le petit amour qui était au milieu des roses, dans la planche originale, n'existe plus. Elle respire une rose qu'elle tient à la main. — Petite pièce ovale, au pointillé. En B., à G., au-dessous de l'ovale : *Beaudoïn p.*, et au-dessous, au M., le titre, sans autres lettres.

H. 0m98. — L. 0m83.

Il a été fait de cette petite copie une imitation en couleur, sous le même titre : LA JEUNE BOUQUETIÈRE. Ici, la jeune femme se dirige de droite à gauche. On lit au-dessous du titre : *A Paris chez Crepy rue St Jacques.* Sans aucunes autres lettres.

Mercure de France, février 1777. — On peut se procurer chez Basan la suite des gravures exécutées d'après les tableaux peints à la gouache par Baudouin. La dernière estampe de cette suite est MARTON LA BOUQUETIÈRE. — Cette jolie estampe est gravée par Ponce. Prix : 1 livre 4 sols.

Journal de Paris, mardi 4 mars 1777. No 63. — MARTON, petite estampe ovale, gravée d'après P. A. Baudouin par N. Ponce. Se trouve à Paris, chez Basan et Poignant, hôtel Serpente. — On trouve dans la composition du sujet, représentant une marchande de bouquets, les grâces, l'esprit et l'agrément qui caractérisent tous les ouvrages de ce maître estimable. Le peu de tableaux que nous avons de lui suffisent pour nous faire regretter que la mort nous l'ait enlevé sitôt, surtout dans un temps où il commençait à jouir d'une réputation justement méritée. — Cette estampe est gravée avec beaucoup de propreté et est d'un beau fini.

L'estampe ci-dessus décrite a été inspirée par une scène de *la fée Urgèle.* Nous donnons ici quelques renseignements bibliographiques sur cette pièce, et la scène d'où Baudouin a tiré le sujet de sa gouache.

LA FÉE URGÈLE

OU

CE QUI PLAIT AUX DAMES

COMÉDIE EN QUATRE ACTES ET EN VERS.

LES PAROLES SONT DE M. ***, MISES EN MUSIQUE PAR M. DUNY

Pensionnaire de S. A. R. Infant Dom Philippe

Représentée devant Leurs Majestés par les Comédiens italiens ordinaires du Roy à Fontainebleau le 26 octobre 1765 et à Paris le 4 décembre suivant

PRIX : 15 LIV. — GRAVÉE PAR LE Sr HUE

A Paris, chez l'AUTEUR, Faubourg St Lazare, au no 30, et aux adresses ordinaires de Musique.
A Lyon, chez le sieur CASTAUD, place de la Comédie.

Avec Privilège du Roy.

IMPRIMÉ PAR LE Sr MONTHALAY.

SCÈNE V.

MARTON.

ARIETTE.

Je vends des bouquets, des jolis bouquets,
Ils sont tout frais, tout frais. *Bis.*

Hâtez-vous d'en faire usage,
Un seul jour les endommage.
Je vends des bouquets, des jolis bouquets,
Ils sont tout frais, tout frais. *Bis.*

C'est l'image d'un objet charmant,
C'est l'hommage d'un tendre amant,
Hâtez-vous d'en faire usage,
Un seul jour les endommage.

Je vends des bouquets, des jolis bouquets,
Ils sont tout frais, ils sont tout frais. *Bis.*

Sitôt qu'on voit la fleur nouvelle,
Il faut promptement la cueillir;
Fraîcheur d'amour passe comme elle,
Il n'est qu'un temps pour le plaisir. *Bis.*

Hâtez-vous d'en faire usage,
C'est la parure du bel âge.
Je vends des bouquets, des jolis bouquets,
Ils sont tout frais, ils sont tout frais. *Bis.*

32. — *LE MATIN.*

A D., dans l'alcôve d'une chambre à coucher, un lit sur lequel est étendu de D. à G. une jeune femme profondément endormie, les deux bras passés au-dessus de sa tête. A G., un abbé, la main dans la poche de sa culotte, l'autre tenant un pan de son manteau avec lequel il cherche à cacher le spectacle de la jeune femme, dont le bas du corps et les jambes sont complétement nus, à un petit garçon qui est près de lui, un doigt devant sa bouche, et regardant d'un air curieux la dormeuse. — Encadrement avec tablette inférieure.

LE MATIN.

Peint à Gouasse par P. A. Baudouin et gravé par E. de Ghendt.

A Paris chez De Ghendt et Desmarest rue de Bourbon-Villeneuve vis-à-vis le Batiment des Filles-Dieu.

H. 0^m270. — L. 0^m200.

Le dessin original, aquarelle sur trait de plume, d'après lequel cette gravure a été faite, se trouve actuellement dans le cabinet de M. Edmond de Goncourt.

1er ÉTAT. Avec la tablette en blanc. La femme est découverte. En H., à D. au-dessus de l'encadrement, *vier pl.* Sans aucunes autres lettres.

2e — Celui qui est décrit. La femme est couverte.

3e — La femme est de nouveau découverte; mais les épreuves de ce tirage sont modernes, et la planche, qui existe encore, retouchée si maladroitement et si lourdement qu'il ne reste presque rien du travail primitif.

33. — *LE MIDI.*

Dans le rond-point d'un jardin, entouré d'une riche architecture formée par des treillages et au fond de laquelle on remarque sur un socle le buste d'un jeune homme, une jeune femme couchée par terre, sur un tertre gazonné, une main pendant naturellement, l'autre passée dans la poche de sa robe entre ses jambes. Elle est à moitié pâmée, une jambe en l'air, son pied balançant son petit soulier à talon. A G., un livre par terre; à D., son ombrelle et un petit sac; plus à D., un arbuste en fleur dans un grand vase. — Encadrement avec tablette inférieure.

LE MIDI

Peint à Gouasse par P. A. Baudouin et gravé par E. de Ghendt.

A Paris chez de Ghendt et Desmarest rue de Bourbon-Villeneuve, vis-à-vis le Batiment des Filles-Dieu.

H. 0^m270. — L. 0^m200.

1er ÉTAT. Avec la tablette en blanc. En H., au-dessus de l'encadrement, à D., *vgfd. Plate*. Sans aucunes autres lettres.
2e — Celui qui est décrit.

---

34. — *LE MODÈLE HONNÊTE.*

Dans un riche atelier à D., un peintre vu de dos et assis dans un fauteuil, près d'une grande toile qu'il est en train de peindre, se retourne vers la G. et lève ses mains en l'air en signe d'admiration à la vue d'une jeune femme toute nue qui est venue poser pour son tableau. Celle-ci, assise sur un large escabeau posé sur une estrade, cache avec son bras la rougeur qui lui monte au visage et se détourne en s'appuyant contre une vieille femme que l'on voit à G. et qui semble vouloir couvrir sa nudité avec un manteau. — T. C.

Peint à la gouasse par P. A. Baudouin. — *Gravé à l'eau forte par J. M. Moreau le Jne et terminé par J. B. Simonet.*

LE MODÈLE HONNÊTE

A Monsieur le Comte de Strogonoff.

Conseiller privé, Chambellan actuel de sa Majesté Imple de toutes les Russies
Chevalier des ordres de l'aigle Blanc de St Stanislas et de Ste Anne

A Paris chez Moreau le Jne Cours du Palais Hotel de la Trésorerie et chez Mr Baudouin au Louvre.
A. P. D. R.

Par son très humble et très obeissant serviteur
Moreau le jeune.

H. 0m410. — L. 0m335.

1er ÉTAT. Épreuve d'eau-forte. Simple T. C. En B., à D., au-dessous du T. C., *J. M. Moreau le Jne S : 1770*. Sans aucunes autres lettres.
2e — Avant toutes lettres, avant les armes.
3e — Avec les noms des artistes seulement. Traces nombreuses de burin dans les marges.
4e — En B., à G., *Peint à la gouasse par P. A. Baudouin;* à D., *Gravé par J. B. Simonet*, et au-dessous, au M., en grandes capitales droites : LE MODÈLE HONNÊTE. Sans les armes et sans autres lettres.
5e — Celui qui est décrit.

Il a été fait de cette planche plusieurs imitations, mais dans un sentiment complétement différent, ainsi du reste que l'indiquent leurs titres. Ce sont :
LE MODÈLE DISPOSÉ, peint par *Schall*. LE MODÈLE DISPOSÉ, peint par *Derosier*, gravé par *Provot*.

Mercure de France, juin 1772. — LE MODÈLE HONNÊTE, estampe d'environ 17 pouces de haut sur 13 de large, gravée à l'eau-forte par J. M. Moreau le jeune, et terminée au burin par J. B. Simonet, d'après le tableau original peint à la gouasse par P. A. Baudouin, peintre du Roi. A Paris, chez Moreau le jeune, cour du Palais, et chez Mme Baudouin, au Louvre. Prix : 8 livres. — Ce tableau, que le public se rappelle d'avoir vu au Salon du Louvre en 1769, est un de ceux de feu Baudouin dont la composition est la plus agréable et la plus ingénieuse. On remarque surtout avec intérêt la louable répugnance que témoigne une jeune fille à se voir nue au milieu de l'atelier où la misère la conduit pour servir de modèle. Il y a dans cette scène beaucoup d'accessoires rendus avec une finesse de pointe et une délicatesse de burin qui flatteront l'amateur et lui rappelleront le faire gracieux du tableau original.

Bachaumont, Salon de 1769. — Entre les différents petits tableaux à gouache de M. Baudouin, le public se porte en foule vers *le Modèle honnête,* qui malgré plusieurs défauts de bon sens excite l'intérêt du spectateur. C'est une jeune fille toute nue d'une part, entre les bras d'une femme, tandis qu'un peintre devant son chevalet semble en esquisser les traits sur sa toile. — Au haut est écrit : *Quid non cogit Egestas?* — On demande 1o comment concilier la résistance du modèle avec l'ouvrage déjà commencé sur la toile qui annonce plusieurs heures de séance? 2o quel rôle fait la vieille qui embrasse et serre la jeune personne? Est-ce une matrone qui la force au rôle qui semble lui répugner? Est-ce sa mère qui la surprend au contraire dans cette attitude, et voudrait la dérober à ce métier infâme? L'humeur qu'on découvre dans les replis de cette figure ignoble annonce-t-elle sa douleur de trouver sa fille dans une pareille posture? Ou l'auteur a-t-il voulu rendre une femme méchante, fâchée que sa fille ne se prête pas à ses vues? Enfin qui concerne la devise? Est-ce la mère, est-ce la fille? Les regarde-t-elle toutes deux? Nou-

vel embarras. C'est le défaut général de cet artiste, qui pour vouloir mettre trop d'esprit dans ses compositions est souvent obscur; d'ailleurs que signifie un tableau auquel il faut, ainsi qu'on l'a déjà observé il y a deux ans, un mot comme à une énigme.

(*) — *NANETTE ET LUBIN.* — *Voir ci-dessus la description de cette planche sous la rubrique :* ANNETTE ET LUBIN.

---

35. — *LA NUIT.*

Dans un parc à G., une jeune femme assise par terre sur le gazon, adossée à un tertre au pied de grands arbres, les jambes écartées. A D., un jeune homme se penche vers elle et des deux mains lui entoure la taille. A D., sur un grand piédestal circulaire, une statue de l'Amour un doigt devant sa bouche. La lune éclaire la scène, qui se passe la nuit. — Encadrement avec tablette inférieure.

LA NUIT

Peint à gouasse par P. A. Baudouin et gravé par E. de Ghendt.

A Paris chez de Ghendt et Desmarest rue de Bourbon-Villeneuve vis-à-vis le Batiment des Filles-Dieu.

H. 0m270. — L. 0m200.

La gouache originale d'après laquelle cette gravure a été faite se trouvait en 1785 dans le cabinet de M. Saint-Julien.

1er ÉTAT. Épreuve d'eau-forte.
2e — Avec la tablette en blanc. En H., à D., au-dessus de l'encadrement, *fesde plate.* Sans aucunes autres lettres.
3e — Celui qui est décrit.

---

36. — *PERRETTE.*

Une jeune laitière de face à mi-jambes. Son pot au lait est posé près d'elle sur une tablette en pierre, où l'on voit, à D., un vase contenant des roses. Elle a une main posée sur le haut de son pot au lait; son autre main joue avec un ruban qui passe à travers une des anses du pot. — Médaillon ovale, entouré d'un encadrement rectangulaire, avec tablette inférieure.

PERRETTE

Voilà, voilà, la petite laitière,
Qui veut acheter de son lait.
L'autre jour avec Colinet, & &...

Baudouin pinx. *H. Guttenberg sc.*

Se vend à Paris chez Basan et Poignant Mds d'Estampes rue et Hotel Serpente.

H. 0m144. — L. 0m123.

1er ÉTAT. Avant toutes lettres.
2e — A G., *Baudouin pinx*. A D., *H. Guttenberg sc*. Cette dernière inscription est à la pointe sèche. Sans aucunes autres lettres.
3e — Celui qui est décrit.

L'estampe ci-dessus décrite a été inspirée par une scène de : *les Deux Chasseurs et la Laitière*. Nous donnons ici quelques renseignements bibliographiques sur cette pièce et la scène d'où Baudouin a tiré le sujet de sa gouache.

LES DEUX CHASSEURS ET LA LAITIÈRE

COMÉDIE EN UN ACTE

PAR M. ANSEAUME, MIS EN MUSIQUE PAR M. DUNY

Pensionnaire de S. A. R. Infant dom Philippe

Représentée pour la première fois sur le Théâtre des Comédiens italiens ordinaires du Roy le 21 juillet 1763.

PRIX EN BLANC, 12 LIV. — GRAVÉ PAR LE Sr HUE.

A Paris, chez l'AUTEUR, rue du Four-St-Honoré, vis-à-vis les murs de l'Hôtel de Soissons, et aux adresses ordinaires de Musique;

A Lyon, chez le sieur CASTAUD, Md de Musique, place de la Comédie.

Avec Privilège du Roi.

IMPRIMÉ PAR MONTHULAY.

SCÈNE IV.

GUILLOT, PERRETTE.

PERRETTE, *le pot au lait sur la tête, entre en chantant :*

ARIETTE.

Voilà, voilà la petite laitière,
Qui veut acheter de son lait. } *bis.*

L'autre jour avec Colinet,
Assise au bord de la rivière,
Nous faisions ensemble un bouquet,
Et d'une gentille manière
Nous mêlions la rose à l'œillet. (*bis*).

Voilà, voilà la petite laitière,
Qui veut acheter de son lait. } *bis.*

Nous mêlions la rose à l'œillet
Et mainte autre fleur printannière.
Il s'en saisit quand il fut fait,
En me disant : Tiens, ma bergère,
Veux-tu l'avoir à ton corset. (*bis*).

Voilà, voilà la petite laitière,
Qui veut acheter de son lait. } *bis.*

Veux-tu l'avoir à ton corset,
Ne fais donc pas tant la sévère,
Donne un baiser à Colinet;
J'eus beau montrer de la colère,
Malgré moi, le marché fut fait. (*bis*).

Voilà, voilà la petite laitière,
Qui veut acheter de son lait. } *bis.*

---

37. — *LES PLAISIRS RÉUNIS.*

Un satyre assis au pied d'un arbre près duquel on voit une urne entourée d'une guirlande, tient de sa main droite une coupe. De son autre main il caresse amoureusement le sein d'une nymphe qu'il attire entre ses jambes. Celle-ci tient une grappe de raisins à la main. — T. C. Trois filets.

Beaudouin Pinx. *Briceau del & sculp.*

LES PLAISIRS RÉUNIS

N° 19.

H. 0m095. — L. 0m130.

Pièce très-libre, à la sanguine, et qui paraît être une réminiscence de la pièce intitulée : *Le Poëte Anacréon.* (Voir ci-dessous ce titre.) C'est cette planche, qui est d'une grande rareté, que nous avons fait reproduire, et qui est en tête de ce fascicule.

---

38. — *LE POÈTE ANACRÉON.*

Il est assis par terre, de 3/4, à G., entre deux femmes, dont l'une lui verse du vin dans une coupe. L'autre, vue de dos, et couchée par terre, de G. à D., s'accoude sur la jambe du poëte, qui l'enlace d'un de ses bras autour de la taille. A G., à terre, un luth avec des roses, et au fond un temple grec dans la campagne. — Pièce ovale dans un encadrement rectangulaire; la partie supérieure de l'ovale est décorée de guirlandes de fleurs et de raisins.

Tablette inférieure contenant un médaillon où l'on voit quatre amours couronnant de fleurs une lyre. Un cinquième, à D., tient d'une main une coupe, de l'autre, un vase de vin.

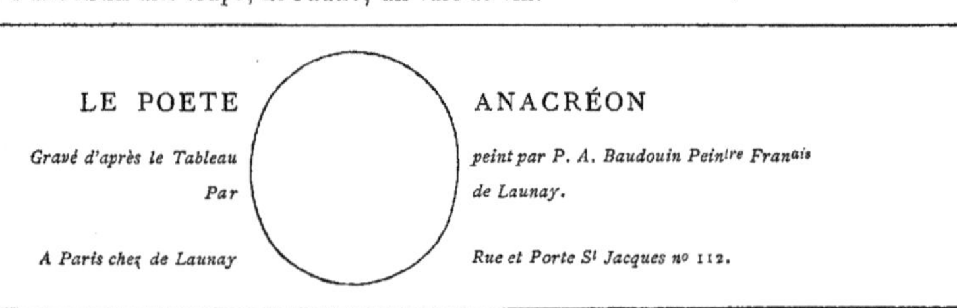
LE POETE ANACRÉON

Gravé d'après le Tableau peint par P. A. Baudouin Peint^re Fran^ais

Par de Launay.

A Paris chez de Launay Rue et Porte St Jacques n° 112.

H. 0m188. — L. 0m220.

1er État. Eau-forte pure avant les armes, avant toutes lettres.

2e — Avec le titre sur la tablette et pas autre chose. Au-dessous de la tablette, au M., à la pointe sèche et en capitales droites, une répétition du titre : Le Poete Anacreon. A G., à la pointe sèche, au-dessous de la tablette : *Peint par P. A. Baudouin peintre du Roi.* A D., *Gravé par N. de Launay graveur du Roi.* Sans aucunes autres lettres.

3e — Celui qui est décrit.

4e — *Par feu N. de Launay — Graveur du Roi* au lieu de : *Par de Launay* et *à Paris chez R. de Launay son frère. — Rue St Jacques près la place du Panthéon Français n°* 112, au lieu de : *à Paris chez de Launay rue et porte St Jacques n°* 112. Le reste comme à l'état décrit.

5e — Il existe de cette pièce des états postérieurs dans lesquels on lit en B., au M., *Marel*, nom d'un éditeur qui acheta la planche primitive et en fit de nouveaux tirages.

Il a été fait de cette planche une petite copie sur bois ovale, circonscrite dans un trait rectangulaire et servant de vignette initiale dans la : *Vie de Baudouin*, *Histoire des peintres* de Charles Blanc. — On lit en B., à G., au-dessous du filet rectangulaire : *Pasquier del.* A D., *Danier Hotelin sc.*

H. 0m65. — L. 0m77.

Il existe un pendant à cette pièce intitulé : LA GAYETÉ DE SILENE, dessiné par N. Bertin et gravé également par de Launay. Les encadrements sont identiques, avec la même décoration de guirlandes autour de l'ovale et un fleuron analogue dans le bas.

---

39. — *QU'EST LA?*

Une jeune femme couchée dans son lit, la tête à D., les rideaux du lit entr'ouverts. Elle a un bonnet sur la tête, les seins nus; la chemise relevée laisse voir le corps de la jeune femme complétement découvert. Entre ses jambes, et sortant de dessous ses draps qu'elle écarte d'une main, la tête et les jambes de devant d'un petit chien. — T. C. Un fil. — En H., à D., au-dessus du fil., *N°* 823.

Beaudoin pinxit. *L. Marin sculp.*

QU'EST LA?

H. 0m193. — L. 0m232.

Petite pièce en couleur dans le genre de celles de Bonnet.

Le *n°* 823 qu'on lit au haut de l'estampe est celui du *Catalogue Bonnet.* (Voir ci-dessus LE GOÛTER.)

---

40. — *LA RENCONTRE DANGEREUSE.*

Auprès d'un arbre, dans un sentier qui passe le long d'un champ de blés, un jeune paysan, à D., pieds nus, son chapeau sur la tête, tient d'une main le bras, et de l'autre l'épaule d'une jeune villageoise qui se recule effrayée et cherche à se dégager de l'étreinte du jeune homme. Elle porte à son bras un panier plein de fleurs. A terre, le bâton du jeune homme. — Encadrement avec tablette inférieure au milieu de laquelle se trouve un médaillon circulaire. Dans le médaillon sont représentés deux coqs se combattant.

LA RENCONTRE DANGEREUSE

Peint par Baudouin Peintre du Roi. *Gravé par Le Veau associé de l'Académie Royale de Rouen.*

A Paris chez Basan et Poignant Mds d'Estampes rue et hotel Serpente.

H. 0m296. — L. 0m217.

1er État. Eau-forte entourée d'un simple T. C., sans aucunes lettres.
2e — Le fleuron est en blanc, la tablette également, sans aucunes lettres.
3e — Le fleuron, les noms des artistes, sans aucunes autres lettres.
4e — Celui qui est décrit.

41. — *LE RENDEZ-VOUS.*

Un jeune homme, à D., en train de caresser la poitrine d'une jeune fille qu'il tient par l'épaule. Ce sont les deux mêmes têtes que celles que l'on voit dans l'estampe intitulée : *Les soins tardifs*. Ici les personnages sont à mi-corps. A G., sur une tablette, un chandelier, avec un pot et un verre. — T. C. Un fil.

Beaudouin pinxit. *L. Bonnet sculpsit.* 1771.

LE RENDEZ-VOUS

H. 0m310. — L. 0m232.

Pièce en imitation de pastel.
Le Rendez-vous, nos 60-651 du Catalogue Bonnet. (Voir ci-dessus *le Gouter.*)

1er État. Avant toutes lettres.
2e — Celui qui est décrit.

Mercure de France, décembre 1771.— On trouve chez M. Bonnet graveur, rue Galande place Maubert, la porte cochère vis-à-vis la rue du Fouarre : LE RENDEZ-VOUS, dédié à Mgr le duc de la Vrilliere, ministre et secrétaire d'État, gravé dans la manière du pastel d'après un tableau très-agréable de M. Baudoin par M. Bonnet auteur de ce genre de gravure. Cette estampe se vend 3 livres.

42. — *ROSE ET COLAS.*

A G., Colas de face, en manches de chemise, tenant d'une main le fuseau, de l'autre la navette de Rose que l'on aperçoit, à D., écartant le rideau qui cache le dessous d'un escalier de bois. Au milieu de la composition un chat sur le haut d'un tonneau. — Encadrement avec tablette inférieure agrémentée d'un ruban.

ROSE ET COLAS

Gravé d'après le Tableau original peint à Gouache
Par P. A. Baudouin, appartenant à Mr Prault.

Baudouin Pinx. *Simonet sculp.*
Se vend à Paris chès Basan et Poignant Marchands d'Estampes rue et Hotel Serpente.

H. 0m300. — L. 0m242.

1er État. A l'eau-forte pure, avant toutes lettres.
2e — Le cartel qui contient les armes est en blanc. Sans aucunes lettres.
3e — Celui qui est décrit.

L'estampe ci-dessus décrite a été inspirée par une scène de *Rose et Colas*. Nous donnons ici quelques renseignements bibliographiques sur cette pièce et la scène d'où Baudouin a tiré le sujet de sa gouache.

ROSE ET COLAS

COMÉDIE EN UN ACTE, PROSE ET MUSIQUE

Représentée pour la première fois par les Comédiens italiens ordinaires du Roi, le 8 *mars* 1764

(PAR SEDAINE ET MONSIGNY).

LE PRIX EST DE 24 SOLS.

A Paris, chez CLAUDE HERISSANT, imprimeur-libraire, rue Neuve-Notre-Dame, à la Croix d'Or.

M.DCCLXIV.

Avec approbation et Privilège du Roi.

NOMS DES PERSONNAGES :	*NOMS DES ACTEURS :*
COLAS.	M. CLERVAL.
ROSE.	Mme LA RUETTE.
MATHURIN	M. CAILLOT.
PIERRE LE ROUX	M. LA RUETTE.
LA MÈRE TOBI.	Mme BERARD.

La scène est dans une chambre de la maison de Mathurin, gros fermier de Champagne.

SCÈNE XII.

ROSE, COLAS.

COLAS, *par la lucarne.*

Rose, Rose; elle n'y est pas.

ROSE, *cachée sous la rampe de l'escalier.*

Ah! cela me fait peine.

COLAS.

Rose, voilà un bouquet; elle n'y est pas, je vais le jetter à sa place, elle le trouvera. (*Il jette le bouquet qui tombe par terre.*) Ah, ciel! le voilà par terre, elle peut marcher dessus; si je pouvais descendre. Ah! je descends si bien. (*Il accroche son chapeau au linteau de la lucarne, son chapeau tombe au dehors.*) Bon! voilà mon chapeau tombé : qu'importe? (*Il descend, ramasse le bouquet, le met sur la table, sur la chaise, à la quenouille, à son côté. Pendant la ritournelle, Rose à l'air très-embarrassée, et se montre de temps en temps.*)

ARIETTE.

C'est ici que Rose respire,
Ici se rassemblent mes vœux;
Si j'étais maître d'un empire,
Je le donnerais pour ces lieux.
Ah! Rose, que l'on est heureux
Lorsqu'on soupire
Et lorsqu'on est deux!

Ce lin
Fut pressé de sa main,
Sa bouche
Touche
Cette quenouille
Si joliment,
Tant joliment,
Elle la mouille
En la filant,
Que je la baise;
Et cette chaise,
Ici tout est, tout est charmant.

C'est ici....., etc.

Bouquet joli,
Que j'ai cueilli,
Pour elle,
Si de ma belle
Vous êtes accueilli,
Si sa main
Sur son sein
Vous pose,
Dites-lui, Rose,
Charmante Rose,
Votre amant n'ose,
Il n'ose, il n'ose,
Il ne peut exprimer
Comme il sait vous aimer.
Ah! Rose, que l'on est heureux
Lorsqu'on soupire, et lorsqu'on est deux!

43. — *SA TAILLE EST RAVISSANTE.*

Jeune femme à sa toilette, à mi-jambes. Elle est en train de s'habiller; elle est en corset, la tête enveloppée dans une fanchon, les deux mains sur sa gorge. — Médaillon ovale, entouré d'un encadrement rectangulaire, avec tablette inférieure.

Sa taille est ravissante
Et l'on peut déjà voir
Une gorge naissante
Repousser le mouchoir.

Baudouin pinxit. *Fait par Le Beau graveur de Mgr le duc de Chartres* 1776.

Se vend à Paris chès Basan et Poignant Mds d'Estampes rue et Hotel Serpente.

H. $0^{m}144$. — L. $0^{m}124$.

1er ÉTAT. A l'eau-forte pure, avant toutes lettres.
2e — L'épreuve terminée avec, à G., *Baudouin pinxit,* gravé au burin, et à D., à la pointe sèche, *Fait par Le Beau...* etc., sans aucunes autres lettres.
3e — Avec les noms des artistes, sans aucunes autres lettres. Ici les deux inscriptions sont gravées.
4e — Celui qui est décrit.

Le sujet de cette estampe a été inspiré à Baudouin par une pièce de Favart, sur laquelle nous donnons ci-dessous quelques détails bibliographiques. Nous y joignons un extrait de la scène d'où est tiré le couplet qu'on lit ci-dessus au bas de la gravure.

LA CHERCHEUSE D'ESPRIT

OPÉRA-COMIQUE

PAR M. FAVART

Représenté pour la première fois sur le théâtre de la Foire Saint-Germain le 20 janvier 1741.

ŒUVRES DE FAVART 10 VOLUMES IN-8. — PARIS 1763.

SCENE Ire

M. SUBTIL, Mme MADRÉ.

M. SUBTIL.

Ah! je vous rencontre à propos, ma commère Madré, j'allais vous voir.

Mme MADRÉ.

Par quel hazard, monsieur Subtil?

M. SUBTIL (*mystérieusement*).

Je viens vous dire que j'ai dessein de me remarier.

Mme MADRÉ.

De vous remarier! c'est fort bien fait. J'ai envie aussi de me remarier, moi.

M. SUBTIL.

Ah! ah! je suis charmé de cette conformité. Cela m'encourage à vous faire une demande.

Mme MADRÉ.

Vous voulez m'épouser, je vous devine.

M. SUBTIL.

Pas tout à fait.

Mme MADRÉ.

Comment l'entendez-vous donc?

M. SUBTIL.

C'est votre fille que je vous demande en mariage.

Mme MADRÉ, *étonnée.*

Ma fille! ma fille Nicette!

M. SUBTIL.

Oui, Nicette, votre fille.

Mme MADRÉ.

Vous badinez!

M. SUBTIL.

Nanni, ma foi!

AIR N° 1. *Des Feuillantines.*

Je veux être son époux.

Mme MADRÉ.

Compère, qu'en feriez-vous?

M. SUBTIL.

Belle demande, madame!
J'en ferais... Parbleu, j'en ferais ma femme.

Mme MADRÉ.

AIR N° 2. *Je ne vous ai vu qu'un seul petit moment.*

Elle, votre femme!

M. SUBTIL.

Oui, vraiment.

Mme MADRÉ.

Hélas!
C'est une chose qui ne se peut pas.

M. SUBTIL.

AIR N° 3. *Si la jeune Iris a pour moi du mépris.*

Expliquez-vous mieux,
Je ne suis pas si vieux.

Mme MADRÉ.

Qu'importe!

M. SUBTIL.

Mon amour vous exhorte
A me rendre content.

Mme MADRÉ.

Nicette est un enfant.

M. SUBTIL.

Qu'importe!
J'en suis enchanté.

AIR N° 4. *Tes beaux yeux, ma Nicole.*

Sa taille est ravissante,
Et l'on peut déjà voir
Une gorge naissante
Repousser le mouchoir.
Elle a par excellence
Un teint... des yeux... elle a,
Elle a son innocence
Qui surpasse cela...
Etc., etc., etc.

---

44. *LA SENTINELLE EN DÉFAUT.*

Dans un pauvre intérieur de paysan, à D., une jeune fille en chemise, à moitié nue, soulève les couvertures de son lit pour y recevoir un jeune paysan qui vient de s'introduire par la porte de la chambre restée entr'ouverte. Ce dernier, un genou en terre, se retourne craintivement vers une alcôve que l'on voit à G., et où derrière les rideaux on aperçoit une vieille femme dormant profondément. Au M. de l'estampe, à terre, un lumignon allumé. — T. C.

Peint à gouasse par P. A. Baudouin peintre du Roi. — *Gravé par N. De Launay en 1771.*

LA SENTINELLE EN DÉFAUT

A son altesse sérenissime — *Monseigneur Christian IV.*

Prince Palatin du Rhin — *Duc régnant des deux Ponts.*

A Paris chès l'auteur rue de la Bucherie la Porte cochère au dessous de la rue des Rats.

Par ses très humbles et très obéissants serviteurs Beaudouin et De Launay.

Avec privilège du Roi.

H. 0^m347. — L. 0^m267.

1er ÉTAT. Eau-forte entourée d'un simple T. C., sans aucunes lettres.
2e — Avec les armes, les noms des artistes, sans autres lettres.
3e — Avec le titre, les armes, les noms des artistes, sans autres lettres.
4e — Celui qui est décrit.

Il a été fait de cette planche une petite réduction dans le même sens et gravée au pointillé. Elle est ovale et sans aucunes lettres.

Mercure de France, 1771. — L'ÉPOUSE INDISCRÈTE et LA SENTINELLE EN DÉFAUT. Deux pendants d'environ 17 pouces sur 12, gravés par De Launay d'après les tableaux de M. Baudouin, dédiés à Son Altesse sérenissime Monseigneur Christian IV, prince palatin du Rhin, duc régnant des deux Ponts. Elles se vendent 6 livres chacune chez M. De Launay.

---

45. — *LES SOINS TARDIFS.*

Dans un grenier, couchée sur des sacs de paille et des vieilles couvertures, une jeune paysanne en chemise, à moitié nue, est caressée par un jeune villageois qui, agenouillé près d'elle, a un bras passé autour de son cou et une main posée sur sa gorge. A D., dans l'ouverture d'une trappe, on voit monter par une échelle, mais arrivant trop tard, la mère et le petit frère de la jeune fille. — Encadrement avec tablette inférieure.

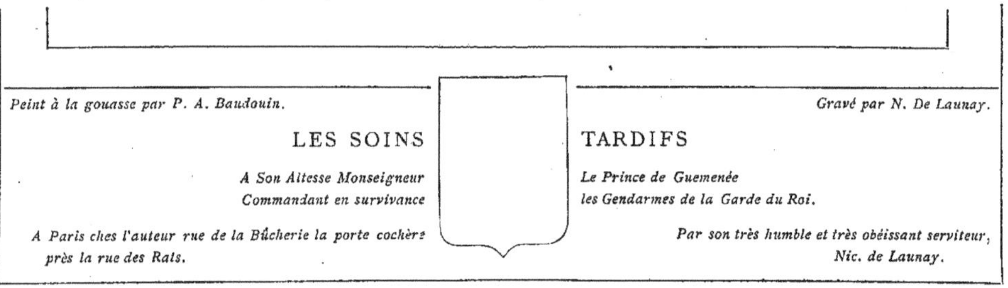
Peint à la gouasse par P. A. Baudouin. *Gravé par N. De Launay.*

LES SOINS TARDIFS

A Son Altesse Monseigneur Le Prince de Guemenée
Commandant en survivance les Gendarmes de la Garde du Roi.

A Paris ches l'auteur rue de la Bûcherie la porte cochère près la rue des Rats.
Par son très humble et très obéissant serviteur, Nic. de Launay.

H. 0m290. — L. 0m218.

La gouache originale d'après laquelle cette estampe a été faite figurait à l'Exposition de 1767, sous le titre de : *La Mère qui surprend sa fille sur une botte de paille.* Elle fait actuellement partie du cabinet de M. Edmond de Goncourt, qui l'a acquise en 1865 à la vente Tondu.

1er ÉTAT. Eau-forte entourée d'un simple T. C., sans aucunes lettres.
2e — La tablette inférieure est toute différente. Il n'y a pas d'armes et elle est formée de cercles ornementés placés les uns à côté des autres. Au M., se trouve un cartel ménagé en blanc, où devait être inscrit le titre. En B. de la tablette, à G., *Peint à gouasse par P. A. Baudouin.* A D., *Gravé par N. de Launay.*
3e — Celui qui est décrit.

Il a été fait de cette pièce, en Allemagne, une reproduction avec quelques changements. Elle est en contre-partie et d'un dessin fort médiocre.

Diderot, salon de 1767. — *La mère qui surprend sa fille sur une botte de paille....* Je regarde et tout cela ne me paraît que de beaux écrans. J'en excepte toutefois celui-ci. Il est à gouache, mais les tons en sont si lumineux qu'on le croirait à l'huile. Je suis juste comme vous voyez. Je ne demande pas mieux que d'avoir à louer, surtout Baudoin, bon garçon, que j'aime, et à qui je souhaite de la fortune et du succès....

... Je reviens sur mon premier jugement. Tout ceci bien peint, mais très-bien peint, n'est qu'un amas de contradictions; point de vérité, point de vrai goût. Je suis révolté de la bassesse de cette vieille, de cette botte de paille, de cette écurie et de cette élégante et de cet élégant qui la caresse. C'est du Fontenelle, brouillé avec du Théocrite. C'est la composition d'une tête faible, étroite, et déréglée. Baudouin transportera la fausse gentillesse de son beau-père, dont il est épris, les grâces de Boucher, dans une grange, dans une cave, dans une prison, dans un cachot; il fourrera partout la petite maison et le boudoir. Il n'entend rien à la convenance. Il ne sait pas qu'il faut que tout tienne. Il ignore ce que les autres savent sans l'avoir appris et pratiquent de jugement et d'instinct. Le tact lui manque; j'en suis fâché.

Mercure de France, juin 1775. — Les Soins tardifs et le Carquois épuisé, deux estampes gravées par M. De Launay d'après les tableaux de Baudouin, peintre du Roi. — Ces sujets de galanterie, traités avec esprit et gravés avec beaucoup de soin et de talent (prix : 3 livres chacun), se trouvent à Paris chez M. De Launay, rue de la Bûcherie, la porte cochère près la rue des Rats. Ils font suite aux deux estampes agréables que nous avons annoncées dans le temps sous les titres de la Sentinelle en défaut et de l'Épouse indiscrète.

---

46. — *LE SOIR.*

A G., dans sa chambre, une jeune femme toute nue, qui va se mettre au lit et qu'une soubrette s'empresse de couvrir avec un linge, fait un geste d'effroi à la vue d'un homme qui entr'ouvre la porte de sa chambre et passe la tête pour regarder. Une deuxième servante est en train de pousser cette porte et tient d'une main l'étoffe de la portière avec laquelle elle essaye de cacher la vue de sa maîtresse. A ses pieds un petit chien aboyant. A G., par terre, une cuvette et une boîte pleine de flacons. — Encadrement avec tablette inférieure.

LE SOIR

Peint à gouasse par P. A. Baudouin et gravé par E. de Ghendt.

A Paris chez de Ghendt et Demarest rue de Bourbon-Villeneuve vis-à-vis le bâtiment des Filles-Dieu.

H. 0^m270. — L. 0^m200.

1er État. A l'eau-forte pure, et avant la draperie. Dans quelques épreuves de cet état, la femme qui va se coucher a un bonnet sur la tête.

2e — Avant la draperie. La tablette inférieure est en blanc. En H., au-dessus de l'encadrement, à D., en caractères microscopiques à la pointe sèche : *derde plate.* Sans aucune autres lettres.

3e — Celui qui est décrit.

Journal de Paris, mardi 14 juillet 1778. N° 195. — Le Soir, estampe de 14 pouces de hauteur sur 10 de largeur, gravée par E. de Ghendt d'après Baudouin. Prix : 3 livres. A Paris, chez de Ghendt et Desmarets, rue de Bourbon-Villeneuve, vis-à-vis le bâtiment des Filles-Dieu. — Cette estampe fait suite de trois autres que l'auteur va mettre incessamment en vente. Elles sont traitées d'après Baudouin et formeront les quatre parties du jour.

---

47. — *LA SOIRÉE DES TUILERIES.*

La nuit, au jardin des Tuileries, au pied du socle d'une statue, un jeune homme, assis sur un banc de bois, de 3/4 à G., ses vêtements légèrement en désordre, se tourne amoureusement vers une jeune femme à laquelle il présente une poignée d'argent qu'il a prise dans une bourse qu'il tient à la main. La jeune personne regarde l'offrande qui lui est faite, en remettant un de ses gants. Elle est coiffée d'une vaste capote et tient d'une main son éventail. A G., un chien sur une chaise de paille. — Encadrement, tablette inférieure avec ruban ornementé.

LA SOIRÉE DES THUILERIES

Dediée à Monsieur Boyer de Fonscolombe

Gravée d'après le Tableau tiré de son cabinet.

Par son très humble et très obéissant serviteur Basan.

Baudouin pinx. *Simonet sculp[t].*

Se vend à Paris chès Basan et Poignant — M[ds] d'Estampes rue et Hôtel Serpente.

H. $0^{m}292$. — L. $0^{m}230$.

1er ÉTAT. Eau-forte pure. Avant toutes lettres et entourée d'un simple T. C.
2e — T. C., sans encadrement. Avant toutes lettres.
3e — Avec les armes, sans aucunes lettres.
4e — Celui qui est décrit.

Annuaire et Affiches de Paris, 16 mai 1774. — LA SOIRÉE DES THUILERIES, gravée, d'après Baudouin, par Simonet, faisant suite aux autres estampes de cet auteur. Prix : 3 livres.

Mercure de France, mai 1774. — LA SOIRÉE DES THUILERIES, estampe d'environ 12 pouces de hauteur sur 9 de largeur, gravée d'après le tableau de Baudouin, peintre du Roi, par Simonet. A Paris, chez Basan et Poignant, marchands d'estampes, rue et hôtel Serpente. Prix : 3 livres. — Cette estampe fait suite à celles gravées d'après les compositions du même peintre par les sieurs Choffard, de Launay, etc. Cette suite se trouve à la même adresse ci-dessus désignée.

---

48. — *LA TOILETTE.*

Une jeune femme debout, de pr. à D., près de sa toilette sur laquelle elle appuie une de ses mains pendant que sa femme de chambre lui lace son corset. A D., un jeune homme assis sur un fauteuil, un coude posé sur la table de toilette, regarde tendrement la jeune femme et semble causer avec elle. — Encadrement avec tablette inférieure.

LA TOILETTE

Avec privilège du Roi.

Peint à gouasse par P. A. Baudouin P[tre] du Roi. — A Paris chez Mad[e] Baudouin au Louvre. *Gravé par N. Ponce en 1771.*

H. $0^{m}246$. — L. $0^{m}192$.

La gouache originale d'après laquelle cette estampe a été faite se trouvait en 1776 dans le cabinet de Mlle Testard, danseuse de l'Opéra. Elle fut vendue à sa mort 500 livres, avec le DANGER DU TÊTE-A-TÊTE.

M. Edmond de Goncourt possède dans son cabinet un petit croquis à la plume, lavé à l'aquarelle, qui est une première idée de la pièce ci-dessus décrite.

1er ÉTAT. Avant l'encadrement et la tablette. Simple T. C., sans aucunes lettres.
2e — La tablette est en blanc, avec les noms des artistes, sans aucunes autres lettres.
3e — La tablette est ombrée, avec les noms des artistes, sans aucunes autres lettres.
4e — Celui qui est décrit.
5e — *Avec Privilège du Roi* a disparu. *A Paris chez Basan et Poignant rue et Hotel Serpente*, au lieu de : *A Paris chez Madº Baudouin au Louvre*. Le reste comme à l'état décrit.

L'encadrement de cette planche, ainsi que de celui de l'estampe intitulée *le Lever*, est dû à l'invention de Cochin. Voici à ce sujet une note très-intéressante qui nous est communiquée par M. Henri Vienne, et que nos lecteurs nous sauront gré de leur communiquer en entier. « Au XVIIIe siècle, les vignettistes, outre la partie de leur œuvre éparse dans les livres du temps, ont aussi concouru à ce que l'on peut appeler l'illustration de la gravure. Après les premières épreuves, souvent à l'eau-forte pure, distribuées par le graveur aux amateurs les plus délicats, aux curieux les plus friands des prémices d'une planche à peine déflorée, celui-ci sentait le besoin de donner un peu de rehaut aux épreuves de seconde main. C'est alors qu'après le travail de la pointe sèche arrivait cette charmante mise en relief à l'aide d'encadrements, d'enguirlandements, empruntés tantôt à l'art, tantôt à la nature, complétée par des cartouches aux armes, des chiffres entrelacés, des tablettes se déroulant en banderolles pour l'étal des titres et qualités nécessaires à toute dédicace bien ronflante. Ce travail de la dernière heure, cet habillement galant d'une scène galante, les petits-maîtres du siècle dernier ne les confiaient point, comme le faisait souvent *Wille*, à des jeunes espérances, à des jeunes élèves s'escrimant sur la lettre d'une estampe pour se faire la main; mais au contraire à des artistes tels que *Cochin, Choffard, Gravelot*, dépensant parfois plus de talent pour les accessoires d'une composition que celle-ci n'en avait demandé à son auteur. On rencontre çà et là des épreuves d'essai nous révélant ce dualisme dans les compositions. Ainsi sur deux pièces de l'œuvre gravé d'après Baudouin et bien connues des amateurs sous le titre du *Lever* et de *la Toilette*, l'invention de l'encadrement commun aux deux sujets est due à *Cochin*. On peut voir au cabinet des estampes (œuvre de *N. Ponce*) une épreuve vide du sujet limité par le T. C. et n'offrant en son lieu et place que du papier blanc. En B., on lit: *C. N. Cochin del.*, à G. et à D., *Gravé par N. Ponce en* 1771. Le nom du dessinateur, égratigné à la pointe, disparaîtra dans l'estampe terminée pour faire place à celui de *Baudouin*. »

(*) — *DER UNTERRICHT DER LIEBE. — Voir ci-dessus la description de cette planche sous la rubrique :* LES AMOURS CHAMPÊTRES.

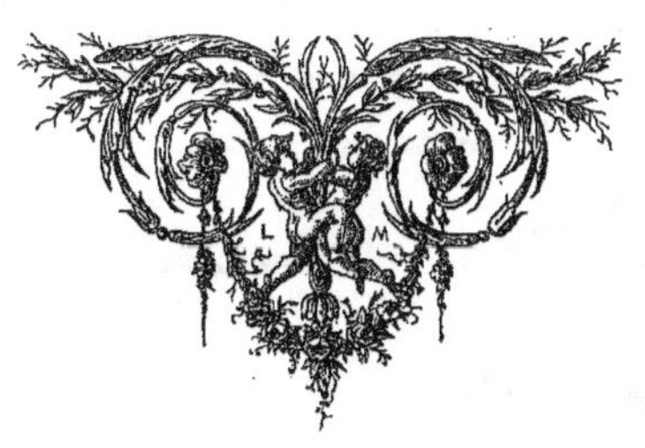

GOUACHE ET DESSINS DE BAUDOUIN

Comme nous l'avons fait pour Lavreince, *nous donnons ici, à la suite de l'Œuvre gravé de* Baudouin, *la description d'une gouache et de quelques dessins du même maître, qui se trouvent dans les collections du Louvre, où nos lecteurs pourront les voir.*

1. — (*PHRYNÉ DEVANT SES JUGES*).

Morceau de réception de *Baudouin* à l'Académie.

A D., les juges, au nombre de quatre, assis sur une estrade circulaire en pierre, exhaussée sur des degrés et surmontée d'un grand rideau rouge qui les ombrage. Celui du milieu, qui semble présider, tient à la main un papier. Au bas de l'estrade à D., et de pr. à G., le greffier, un carton sur les genoux, prend des notes sur un rouleau de papier. Devant l'aréopage, à G., et tournée vers la D., Phryné, à moitié affaissée, soutenue par ses femmes. Près d'elle, son défenseur tient d'une main le voile qu'il vient d'enlever de dessus la gorge de Phryné qui est complétement découverte, et de l'autre main, tendue vers l'aréopage, semble implorer la clémence des juges. Au fond, des gardes et la foule assemblée, des perspectives de colonnades et un temple. A G., une statue de Minerve sur un piédestal. — Cette gouache est malheureusement bien passée, et les plaques d'ivoire sur lesquelles elle est peinte ont joué et laissent apparaître leurs lignes de réunion. Ce morceau est curieux, néanmoins, en ce qu'il nous montre notre artiste sous un jour tout différent de celui sous lequel nous avions l'habitude de le voir, dans les productions légères et un peu risquées qui sont la vraie expression de son talent. Cette composition qui, comme nous l'avons dit plus haut, fut le morceau de réception de *Baudouin* à l'Académie, est encore encadrée dans la bordure du temps, et on lit en haut de cette bordure, dans un petit cartouche : *Par M. Baudouin, 1763.*

H. $0^{m}450$. — L. $0^{m}380$.

Cabinet des Estampes. YB. 164. *Description des Tableaux exposés au sallon du Louvre avec des Remarques par une société d'amateurs. Extraordinaire du Mercure de septembre, prix : 12 sols. A Paris, au bureau du Mercure de France, rue Sainte-Anne, ou chez Sébastien Jorry, imprimeur Libraire, rue et vis-à-vis la Comédie Française, et chez les libraires ordinaires du Mercure. MDCCLXIII.*

... L'admission à l'Académie était déjà un titre suffisant pour une réputation très-honorable. Monsieur Beaudouin vient de la confirmer avec éclat et de justifier le suffrage des Académiciens par le morceau accepté pour sa réception. — Le sujet de ce tableau est Phryné accusée d'impiété au tribunal de l'Aréopage, défendue par un orateur qui découvre en présence des juges la tête et le sein de cette belle femme. Cet ouvrage est un des plus grands qu'on puisse exécuter dans le genre de la miniature, non-seulement par l'étendue de la forme, mais par celle de la composition et par la manière dont il est exécuté. Tout y est bien entendu, et avec une largeur peu commune dans cette sorte de peinture. Les effets sont vrais, les caractères justes, les groupes artistement disposés, l'ensemble bien enchaîné, en un mot c'est une belle et grande machine dans un petit espace....

Cabinet des Estampes. YB. 164. *Lettre sur les arts écrite à M. Dyfs, de l'Académie royale des belles-lettres de Caen, par M. du P.., académicien associé.*

2ᵉ Lettre... Vous verriez avec plaisir le tableau de réception de M. Beaudouin à l'Académie. C'est un ouvrage immense en miniature. Il représente Phryné accusée d'impiété devant l'aréopage. L'instant est celui où l'avocat voyant les juges prêts à condamner Phryné, lève le voile qui lui couvrait la tête et le sein, et expose aux yeux des choses autrement éloquentes et bien plus touchantes que tous les discours. On lit sur le visage des juges le trouble subit de leurs âmes; la clémence vient attendrir leurs cœurs. Ils sont prêts d'absoudre la belle criminelle.

Cabinet des Estampes. YB. 164. *Lettres à Madame X*** sur les peintures, les sculptures et les gravures exposées dans le sallon du Louvre en* 1763. *A Paris, chez Guillaume Desprez, imprimeur du Roy, et Duchesne, libraire, rue Saint-Jacques, au Temple du Goût. MDCCLXIII.* — (Par Mathon de la Cour.)

M. Baudouin, peintre de miniature, a en quelque sorte annobli son genre dans le tableau accepté par l'Académie pour sa réception. Il représente Hyperides défendant devant l'Aréopage la cause de Phryné accusée d'impiété. Le peintre a saisi le moment où l'orateur, pour dernière ressource, enlève le voile qui cachait sa cliente. La tête en pleurs et son beau sein découvert valent bien autant qu'une harangue. L'action d'Hyperides est vive et belle. Toutes les autres figures du tableau paraissent bien traitées.

Diderot. — *Pensées détachées sur la peinture, pour faire suite aux salons.* — Un beau sujet de tableau, c'est Phryné traînée devant l'Aréopage pour cause d'impiété, et absoute à la vue de son beau sein; preuve, entre beaucoup d'autres, du cas que les Grecs faisaient de la beauté ou des modèles qui servaient pour leurs dieux et leurs déesses. Baudouin a traité ce sujet trop au-dessus de ses forces. Il n'a pas senti que les juges devaient occuper le côté gauche de la scène et que la courtisane et son avocat devaient être à droite, l'avocat plus sur le fond, la courtisane plus voisine de moi. Il n'a pas su leur donner de l'expression. L'action de l'avocat, au moment où il arrache la tunique de Phryné, n'a ni l'enthousiasme, ni la noblesse qu'elle exigeait. Les juges, dont il était si naturel de varier les mouvements, sont immobiles et froids. Je ne me rappelle pas qu'il y eut aucun concours d'assistants. Cependant on allait entendre les causes singulières dans Athènes comme dans Paris. Mais c'est la courtisane surtout qu'il était difficile de rendre; aussi ne l'a-t-il pas rendue.

Sumite materiam vestris qui scribitis æquam
Viribus, et versate diu quid ferre recusent
Quid valeant humeri...

Un petit peintre d'historiettes tantôt ordinaires, tantôt galantes, ne pouvait que faire un pauvre rôle devant un aréopage, ce qui est arrivé à Baudouin. Il est mort épuisé de débauches; je n'en parlerais pas ainsi, je n'en parlerais pas du tout, s'il vivait[1] : Deshayes, l'autre gendre de Boucher, avait les mêmes mœurs et a eu le même sort que Baudouin.

---

2. — (*LA BELLE ENDORMIE*).

Une jeune femme couchée sur son lit, dans une alcôve, de G. à D., une main posée sur sa tête, le bras plié gracieusement autour de son visage, l'autre bras pendant naturellement hors de son lit. Elle dort, la poitrine découverte, les seins complétement nus. A D., un homme en robe de chambre vu de dos, son bonnet de nuit sur la tête, considère la jeune endormie et cache avec une de ses mains la lueur d'un flambeau qu'il tient de l'autre. A G., un fauteuil avec des effets jetés dessus. — Jolie petite sépia, dont le sujet rappelle assez, avec des différences dans la composition, la gouache du même maître qui a été gravée par *E. de Ghendt* sous le titre de : *Le Matin.* — En B. à G., sur la bordure du papier qui entoure ce dessin, on lit : *Bodouin,* et à D., *École française.* — Numéro d'ordre de la collection du Louvre : 23,698.

---

3. — (*LE FRUIT DE L'AMOUR SECRET*).

Petite esquisse dont nous avons parlé dans le corps de notre catalogue. Voir ce titre, nº 23 de l'œuvre gravé.

---

1. Ceci était écrit après la mort de Baudouin.

4. — (*PETITS CROQUIS*).

Cinq petits dessins sur la même feuille. A G., une jeune fille à mi-corps tenant une lampe de vestale. A D., en pendant, une jeune fille tenant un panier de fleurs. — Deux petites pièces ovales. Deux cartouches entourés d'amours enguirlandés; sur l'un de ces cartouches, on voit une tête ébauchée. — Petit médaillon ovale où l'on voit une jeune femme avec un amour. — Ces petits croquis sommaires, faits à la plume avec mélange de crayon, d'aquarelle, proviennent de la collection *Huquier*. Ils sont classés au Louvre sous le n° d'ordre : 23,697.

---

5. — (*AUTRES PETITS CROQUIS*).

Une petite barque conduite par des amours, et dans laquelle sont deux amoureux. N° d'ordre de la collection du Louvre : 23,696.

Un petit personnage à mi-corps, en costume champêtre, ayant près de lui une musette. N° d'ordre de la collection du Louvre : 23,696.

LISTE CHRONOLOGIQUE

DES

GOUACHES, MINIATURES, PASTELS, DESSINS, PRODUCTIONS DIVERSES DE BAUDOUIN

AYANT PASSÉ DANS LES VENTES DEPUIS L'ANNÉE 1770 JUSQU'EN 1800.

Février 1770. — Vente Baudouin.

Nº 61. — BAUDOUIN. La jeune mariée d'après le tableau de Greuze qui est dans le cabinet de M. le marquis de Marigny. Ce morceau, quoique n'étant pas entièrement achevé, ne laisse pas que d'être estimable. Il est peint par feu M. Baudouin et porte 18 pouces de haut sur 23 de large. La bordure sculptée et dorée qui le renferme est très-riche.

Nº 62. — Un sujet de deux figures dans un paysage peu terminé, par M. Baudouin. — H. 9 pouces, L. 14 pouces.

1773. Yd. 84. Cabinet des estampes. Vente de M. Jacqmin.

Nº 821. — Un portrait mignature d'une dame habillée en vestale. Elle tient une colombe. Ce morceau est peint par M. Baudouin. Buste de forme ovale. — H. 2 pouces, L. 2 pouces et 7 lignes.

Lundi 22 *janvier* 1776. — Yd. 105. Cabinet des estampes. Vente de Mlle Testard, danseuse à l'Opéra.

Nº 30. — BAUDOUIN. Un peintre dans son atelier avec deux femmes, dont l'une lui sert de modèle. Cette composition est connue par l'estampe qui a pour titre : *Le Modèle honnête*. Tableau peint à gouache par P. A. Baudouin. — H. 14 pouces 6 lignes, L. 12 pouces 6 lignes.

Nº 31. — BAUDOUIN. Un homme aux genoux d'une femme qui est assise au coin de son feu, dans une chambre qui est très-galamment ornée. Ce tableau, peint à la gouache par Baudouin, a été gravé par Simonet. — H. 9 pouces, L. 7 pouces 6 lignes.

Nº 32. — BAUDOUIN. Une femme à sa toilette; elle est accompagnée de sa fille de chambre; un jeune officier est assis devant elle et tient un bouquet. Ce morceau est peint à la gouache par Baudouin. Il a été gravé par N. Ponce. — H. 9 pouces, L. 7 pouces 6 lignes.

Lundi 1er *avril* 1776. — Yd. 114. Cabinet des estampes. Vente de M. M***. Remy, expert.

Nº 222. — La Vierge dormant à côté de l'enfant Jésus; St Joseph, assis, tient un livre; l'âne est à côté de lui. Ce morceau piquant, savamment peint et d'un effet brillant, est peint à la gouache, par Baudouin. Il est de forme ovale et porte 8 pouces de haut sur 9 pouces 3 lignes de large. Il a été vu avec satisfaction au salon du Louvre en 1761.

Nº 223. — Loth et ses filles. C'est le moment qu'il s'enivre. Ce morceau agréable est à gouache, par Baudouin. — H. 5 pouces 6 lignes, L. 6 lignes.

Nº 224. — Le même sujet. Ils sont tous endormis. Ce morceau, de pareille grandeur du précédent, est aussi peint à gouache par Baudouin.

1776. — Yd. 123. Cabinet des estampes. Vente Blondel de Gagny.

Nº 350. — BAUDOUIN. Zéphire et Flore, gouache. 300 livres.

Nº 351. — Jupiter et Calisto, gouache. 72 livres.

20 *décembre* 1777. — Yd. 121. Cabinet des estampes. Vente de M. Trudaine, Conseiller d'État.

Nº 31. — *Deux mignatures* de BAUDOUIN. L'Origine de la peinture par Dibutade traçant le portrait de son amant; l'Amour l'éclaire. Et pour pendant, Diane et Endymion endormi sur le mont Ida. Ces deux précieux et charmants morceaux sont sous glace. — H. 7 pouces 6 lignes, L. 6 pouces.

Nº 92. — Une boîte d'écaille à gorge d'or; elle est ornée de trois précieux morceaux représentant des femmes couchées. En mignature, par P. A. Baudouin.

29 *décembre* 1777. — Yd. 125. Cabinet des estampes. Vente de M. de Varanchan. Paillet, expert.

Nº 68. — BAUDOUIN. Intérieur d'une chambre éclairée de nuit par un homme en robe de chambre, qui tient une lumière et regarde une dame endormie dans son lit. — H. 7 pouces 6 lignes, L. 6 pouces. Dessin.

Nº 69. — Jeune femme dans sa chambre à coucher. Elle est en chemise et tient une lumière. — H. 7 pouces 6 lignes, L. 4 pouces 6 lignes.

Nº 70. — Dessin colorié. Une dame à sa toilette, conversant avec une personne vis à vis d'elle. — H. 9 pouces, L. 7 pouces.

Nº 71. — Une bergère endormie que l'Amour vient surprendre. Dessin colorié, forme ovale. — H. 8 pouces, L. 7 pouces.

27 *février* 1777. — Yd. 124. Cabinet des estampes. Vente Randon de Boisset.

Nº 247. — BAUDOUIN. Gouache. Une dame sur une chaise longue accompagnée d'une autre dame. 900 livres. — H. 11 pouces 9 lignes, L. 7 pouces 9 lignes.

Jeudi 10 *décembre* 1778. — Yd. 132. Cabinet des estampes. Vente de M. X***. Le Brun, expert.

Nº 165. — BAUDOUIN. Une jeune fille peinte à gouache, vue de profil, en buste, les cheveux retroussés en tresse; elle est à demi nue et approche de la main gauche une lunette de son œil. Ce joli morceau porte 3 pouces 2 lignes de haut sur 2 pouces 6 lignes de large.

Lundi 29 *mars* 1779. — Yd. 141. Cabinet des estampes. Vente de M***. P. Remy, expert.

Nº 228. — Gouaches de BAUDOUIN. Une Nativité. Joli morceau de forme ovale. — H. 7 pouces 9 lignes, L. 9 pouces.

Nº 229. — Une femme avec un chien. Elle est couronnée par des amours. Ce morceau agréable et intéressant porte 8 pouces de haut sur 7 de large.

Nº 230. — Un sujet de trois figures, dont une femme sur son lit. Ce morceau est de même grandeur du précédent.

Nº 231. — Une femme se reposant dans un bosquet. — H. 9 pouces, L. 7 pouces.

Nº 232. — Autre sujet de deux figures, faisant le pendant du précédent.

1er *décembre* 1779. — Yd. 142. Cabinet des estampes. Vente de l'abbé de Gevigney, garde des titres et généalogies de la Bibliothèque du Roi. Paillet, expert.

Nº 772. — Gouache d'après BAUDOUIN. L'intérieur d'une chambre où l'on voit une femme qui sort du bain. Morceau d'après Baudouin, peint à gouache par Halle, sur le simple trait d'une eau-forte, légère et terminée avec un grand soin.

Lundi 6 *mars* 1780. — Vente de M. Chardin.

Nº 23. — L'intérieur d'un appartement en désordre. On voit sur le devant une femme pénétrée de douleur de quitter un enfant. Une amie la soutient et paraît la consoler. Plus loin et sur la gauche, un jeune homme, la tête appuyée sur une table, semble être dans le plus grand accablement. On lit au bas de ce morceau : *Fecit amor, mittit pietas, fortuna reducet*. Ce sujet intéressant est peint à gouache par M. Baudouin. H. 14 pouces 6 lignes. Adjugé à M. Quenay, 176 livres.

Nº 24. — La soirée des Thuileries, aussi à gouache, d'après le même. 35 liv. 19 sols.

27 novembre 1780. — Yd. 149. Cabinet des estampes. Vente de feu Prault imprimeur du Roi.

N° 40. Baudouin. Une gouache composée de quatre figures représentant une jeune danseuse qui se présente chez un directeur de l'Opéra. — H. 16 pouces, L. 14 pouces. Voir la gravure sous le titre : *Le Chemin de la Fortune.*

N° 41. — Gouache, trois figures, connue sous le titre du : *Modèle Honnête.* — H. 16 pouces, L. 12 pouces et demi. Aussi gravée.

N° 42. — Gouache représentant *Rose et Colas.* — H. 11 pouces. Gravée par Simonet.

N° 43. — Croquis à la plume, lavé, représentant un précepteur entrant dans une chambre où l'on voit une femme endormie. — H. 12 pouces, L. 10 pouces.

Lundi 11 décembre 1780. — Yd. 149. Cabinet des estampes. Vente de M***. Le Brun, expert.

N° 157. — Baudouin. Une gouache. Composition de quatre figures, peinte avec tout l'esprit et toute la légèreté possibles. Au bas, on lit cette inscription : *Fecit amor, mittit pietas, fortuna reducet.* C'est la première pensée d'une autre gouache qui a été gravée depuis. — H. 14 pouces 6 lignes, L. 11 pouces 6 lignes.

N° 158. — Une autre gouache représentant l'intérieur d'une chambre où l'on voit une dame à qui une servante prépare un lavement. L'on en connaît l'estampe gravée par Maleuvre. — H. 7 pouces, L. 5 pouces.

Vendredi 5 avril 1781. — Yd. 154. Cabinet des estampes. Vente de M^de^ Lancret et de M***. Remy, expert.

N° 188. — Gouache. Une femme dormant sur son lit et deux autres figures. Ce tableau de mérite est peint par M. Baudouin, de l'Académie royale. — Il porte 9 pouces 3 lignes de haut, sur 7 pouces de large.

Février 1782. — Yd. 151. Cabinet des estampes. Vente de M. le marquis de Menars.

N° 278. — Baudouin. Le Coucher de la mariée, composition agréable, connue par l'estampe qui est gravée par Simonet. Ce morceau, exécuté à la gouache, avec beaucoup d'esprit, par Baudouin, gendre de M. Boucher, est sous glace de 15 pouces de haut sur 11 de large, dans une riche bordure. 853 livres.

N° 279. — Allégorie sur le mariage de M. le Mis de Marigny : l'Hymen allume son flambeau et couronne deux cœurs sur un autel qu'un amour entoure de fleurs. Ce morceau, très-agréable, est aussi peint à gouache. Il porte 7 pouces 6 lignes de haut sur 5 pouces de large.

5 avril 1782. — Vente de M***. Remy, expert.

N° 168. — Baudouin. Gouache. Une femme dormant sur son lit et deux autres personnages. Peinte par Baudouin, de l'Académie Royale. — 9 pouces 3 lignes de haut, sur 7 pouces de long.

Lundi 25 novembre 1782. — Yd. 156. Cabinet des estampes. Vente de dessins. Le Brun, expert.

N° 245. — Baudouin. L'esquisse de la Première pensée de l'accouchée, connue par l'estampe. Composition de 6 figures; elle est faite aux trois crayons. — H. 6 pouces, L. 6 pouces.

Jeudi 24 avril 1783. — Yd. 158. Cabinet des estampes. Vente Vassal de St Hubert. Remy, expert.

N° 88. — Baudouin. Gouaches, miniatures. Une Nativité. La sainte Vierge, au pied d'un palmier, est endormie à côté de l'Enfant Jésus, qui dort aussi dans son berceau; St Joseph, à gauche, assis et lisant dans un livre; quatre anges sont en l'air. Ce morceau est bien dessiné, d'un coloris agréable; sa forme est ovale. — H. 7 pouces 9 lignes, L. 9 pouces.

N° 89. — Un autre tableau de 8 pouces 3 lignes de haut sur 6 pouces 6 lignes de large, représentant une femme environnée d'enfants qui semblent la caresser.

N° 90. — Une femme se reposant dans un jardin, près d'un bosquet à treillages. — H. 9 pouces 3 lignes, L. 7 pouces.

N° 91. — Un homme et une femme dans un jardin. — H. et L. comme le précédent.

Mercredi 31 mars 1784. — Yd. 164. Cabinet des estampes. Vente de M. Dubois, marchand orfèvre, joaillier. Le Brun, expert.

N° 171. — Baudouin. Gouache. L'intérieur d'une maison de paysans, où l'on voit une jeune fille surprise par sa mère. L'appartement, de genre rustique, est orné dans le haut de tourterelles. On connaît l'estampe de cette charmante gouache. — H. 11 pouces, L. 8 pouces.

Vendredi 7 janvier 1785. — Yd. 163. Cabinet des estampes. Vente de M***. Le Brun, expert.

N° 55. — BAUDOUIN. Une gouache représentant l'intérieur d'un boudoir où l'on voit une dame couchée sur un sopha, à qui l'on va donner un clystère. — H. 8 pouces, L. 5 pouces.

N° 56. — L'intérieur d'une chambre à coucher où l'on voit une femme sortant de son lit.

Lundi 14 *février* 1785. — Yd. 167. Cabinet des estampes. Vente du B^on^ de St Julien.

N° 145. — BAUDOUIN. Gouache. L'intérieur d'un appartement où l'on voit une femme nue sortant de son bain, accompagnée de deux suivantes; elles sont surprises par un homme qui veut entrer. Ce morceau, fait au premier coup, est touché spirituellement. — H. 10 pouces, L. 7 pouces et demi.

24 *février* 1785. — Yd. 169. Cabinet des estampes. Vente de M. Nourry, conseiller au Grand conseil.

N° 1067. — BAUDOUIN. Deux premières pensées du *Catéchisme*, dessinées au crayon noir et blanc. On en connaît l'estampe gravée par M. Moitte.

21 *novembre* 1785. — Yd. 173. Cabinet des estampes. Vente de M***.

N° 132. — BAUDOUIN. *Le Coucher de la Mariée*. Première pensée du tableau de Baudouin. Dessin aux crayons noir et blanc sur papier gris.

2 *mars* 1786. — Yd. 176. Cabinet des estampes. Vente Aubert, joaillier de la couronne.

N° 129. — BAUDOUIN. Un petit tableau ovale, peint à la gouache par Baudouin, représentant une jeune femme, ajustée d'un voile, offrant un sacrifice à Vénus.

11 *mars* 1786. — Yd. 171. Cabinet des estampes. Vente de feu M. Baudouin[1].

N° 63. — BAUDOUIN. Gouache. Une jeune fille vue à mi-corps, coiffée d'un bonnet de mousseline, vêtue d'un corsage rouge et portant un fichu et un tablier de gaze, et la gorge ornée d'un bouquet de barbeaux. L'on trouve dans ce joli morceau, peint par Baudouin, les grâces qu'il a répandues dans ses ouvrages. — H. 2 pouces 2 lignes, L. 1 pouce 9 lignes.

Lundi 24 *avril* 1786. — Yd. 177. Cabinet des estampes. Vente d'un cabinet bien connu. Le Brun, expert.

N° 140. — BAUDOUIN. Une gouache représentant un enlèvement nocturne. Cette composition est agréable et une des plus capitales de cet artiste. Elle est connue par l'estampe qu'on en a gravée. — H. 13 pouces, L. 11 pouces.

N° 141. — Des amans surpris. On voit sur le devant un jeune homme caressant une jeune fille en chemise. Dans le fond on aperçoit la mère et un enfant, et au-dessus des colombes.

N° 142. — Une composition de quatre figures, représentant une femme à sa toilette, dans un intérieur de chambre à coucher, à la porte de laquelle on voit un homme qui la regarde. — H. 10 pouces, L. 8 pouces.

N° 143. — Une composition de trois figures représentant Loth enivré par ses filles et endormi. L'une d'elles s'appuie sur lui et l'autre le soutient. Gouache ovale. — H. 5 pouces, L. 7 pouces.

12 *juin* 1786. — Vente après décès de M. Wattelet.

N° 198. — L'innocence reconnue, grand sujet à l'aquarelle par Baudouin, d'après Deshayes.

1786. — Yd. 176. Cabinet des estampes. Vente du cabinet de M. Richard, peintre à Lyon.

N° 129. — BAUDOUIN. Petit tableau ovale, peint à gouache par Baudouin, représentant une jeune femme, ajustée d'un voile, offrant un sacrifice à Vénus.

Mercredi 25 *avril* 1787. — Yd. 184. Cabinet des estampes. Vente de M. Beaujon, conseiller d'État. P. Remy, expert.

N° 235. — BAUDOUIN. Le Coucher de la Mariée, composition agréable connue par l'estampe qui est gravée par Simonet. Ce morceau, exécuté à la gouache, avec beaucoup d'esprit, par Baudouin, gendre de feu M. Boucher, est sous glace de 15 pouces de haut sur 11 de large, dans une riche bordure. N° 278 du catalogue de M. le Mis de Ménars, 1767. — 480 l.

---

1. *S. R. Baudouin*, dont il est question ici, n'a aucun rapport de parenté avec l'artiste dont nous nous occupons. *S. R. Baudouin* était officier aux gardes françaises, et il a gravé plusieurs pièces à l'eau-forte dont nous donnerons la description quand nous en serons à la catégorie des artistes amateurs.

N° 236. — Allégorie sur le mariage de M. le Mis de Marigny : l'Hymen allume son flambeau et couronne deux cœurs sur un autel qu'un amour entoure de fleurs. Ce morceau, très-agréable, est aussi peint à gouache. Il porte 7 pouces 6 lignes de haut sur 5 pouces de large. N° 279 du catalogue de M. le marquis de Menars. — 71 l. 19 s.

N° 237. — Une autre gouache. — H. 8 pouces, L. 6 pouces 6 lignes. — Elle représente une jolie femme environnée de quatorze amours. Ce morceau est intéressant. — 52 l.

2 *avril* 1787. — Yd. 186. Cabinet des estampes. Vente de M. M***.

N° 65. — Baudouin. Dans un intérieur rustique, un jeune homme caresse une jeune fille; une femme qui monte un escalier paraît effrayée. Cette gouache, très-vigoureuse, est de l'effet le plus piquant. — H. 11 pouces, L. 8 pouces.

Lundi 3 *mars* 1788. — Yd. 189. Cabinet des estampes. Vente Villemandi.

N° 27. — Baudouin. La Mère en colère, d'après Baudouin. Peinture à la gouache.

Lundi 21 *avril* 1788. — Yd. 188. — Cabinet des estampes. Vente de M. de Calonne.

N° 245. — Baudouin. Une femme sur son lit, dans l'attitude de recevoir un médicament que va lui donner sa suivante. Ce morceau, à gouache, est très-bien conservé. — H. 10 pouces, L. 7 pouces.

N° 246. — Une femme sortant du bain. Elle est servie par ses femmes; son chien aboie après un jeune homme qui cherche à voir la scène à travers une porte vitrée; une femme de chambre va fermer le rideau. Cette composition amusante est à gouache. — H. 10 pouces, L. 7 pouces.

Jeudi 18 *décembre* 1788. — Yd. 189. Cabinet des estampes. Vente de M. Dubois, joaillier. Paillet, expert.

N° 117. — Baudouin. Gouache. Un joli morceau représentant une femme presque nue dans une salle de bains. On voit avec elle ses suivantes, dont une ferme la porte à un jeune homme qui paraît vouloir entrer.

9 *et* 16 *février* 1789. — Yd. 192. Vente du graveur Coclers.

N° 483. — Baudouin. Deux gouaches représentant le *Coucher de la Mariée, le Fruit de l'amour secret.* Ces deux charmantes compositions sont connues par les estampes. — H. 13 pouces, L. 11 pouces.

N° 484. — *La Mort de Germanicus.* Riche composition de plus de 30 figures. Cette gouache est une des belles productions de cet artiste. — H. 9 pouces 6 lignes, L. 14 pouces.

11 *mai* 1789. — Yd. 192. Cabinet des estampes. Vente de M***. Le Brun, expert.

N° 302. — Baudouin. Deux jolies gouaches représentant des intérieurs de jardins, ornés de figures. Dans l'un on voit une femme tenant une guirlande de fleurs, et dans l'autre un homme qui pince du sistre. — H. 7 pouces, L. 5 pouces.

Lundi 18 *janvier* 1790. — Yd. 195. Cabinet des estampes. Vente Boyer de Fons-Colombe.

N° 204. — Une gouache par M. Baudouin, représentant l'intérieur d'un jardin où l'on voit un homme assis sur un banc, et près de lui une femme qui se lève en remettant son gant. Cette composition, vue au clair de lune, est d'un effet remarquable et d'un touche facile. — H. 11 pouces, L. 8 pouces et demi.

Lundi 31 *mai* 1790. — Yd. 195. Cabinet des estampes. Vente de M***. Le Brun, expert.

N° 150. — Baudouin. Deux superbes mignatures. L'une d'elles représente l'origine de la peinture. On voit Dibutades qui trace sur le mur le profil de son amant; plusieurs amours enrichissent cette charmante composition. L'autre est Vénus et Adonis; il dort, son chien est à ses pieds. La déesse, accompagnée des amours est sur un nuage et contemple le berger avec satisfaction. Ces deux précieux morceaux, peints sur ivoire, ont été faits pour Mme de Pompadour. — H. 7 pouces et demi, L. 5 pouces et demi.

N° 151. — Une gouache très-capitale. Elle représente la Mort de Britannicus. Cette riche composition est un des morceaux d'agrément de l'auteur à sa réception de l'Académie. — H. 9 pouces, L. 14 pouces.

N° 152. — Rose et Colas. Gouache légèrement faite. — H. 10 pouces, L. 8 pouces.

Lundi 2 *mai* 1791. — Yd. 198. Cabinet des estampes. Vente de M. du C...

N° 316. — Baudouin. La Vierge à côté d'un palmier; l'Enfant Jésus endormi dans son berceau; St Joseph lisant, et quatre anges. Ce morceau, peint à gouache par Baudouin, est de forme ovale. — H. 7 pouces 9 lignes, L. 9 pouces.

Jeudi 25 *décembre* 1794. — Yd. 205. Cabinet des estampes. Vente du citoyen Regnault.

Nº 16. — Baudouin. Gouache. Phryné en présence de ses juges. Composition peinte à gouache par Baudouin. Ce morceau a servi à l'auteur pour sa réception à la ci-devant Académie.

Jeudi 10 *septembre* 1795. — Yd. 207. Cabinet des estampes. Vente Anisson-Duperron, condamné à mort par le Tribunal révolutionnaire.

Nº 3. — Baudouin et Loutherbourg. Onze dessins. Sujets historiques faits à la plume, lavis à l'encre et gouaches. Ils sont de format in-4º. Ces compositions étaient destinées à orner l'ouvrage représentant les faits historiques de la maison de Bourbon.

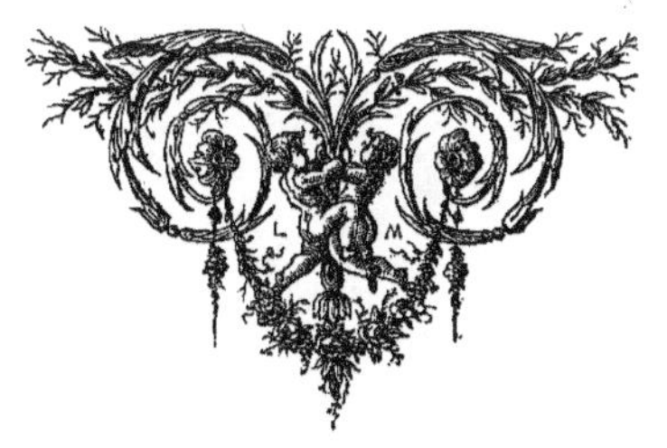

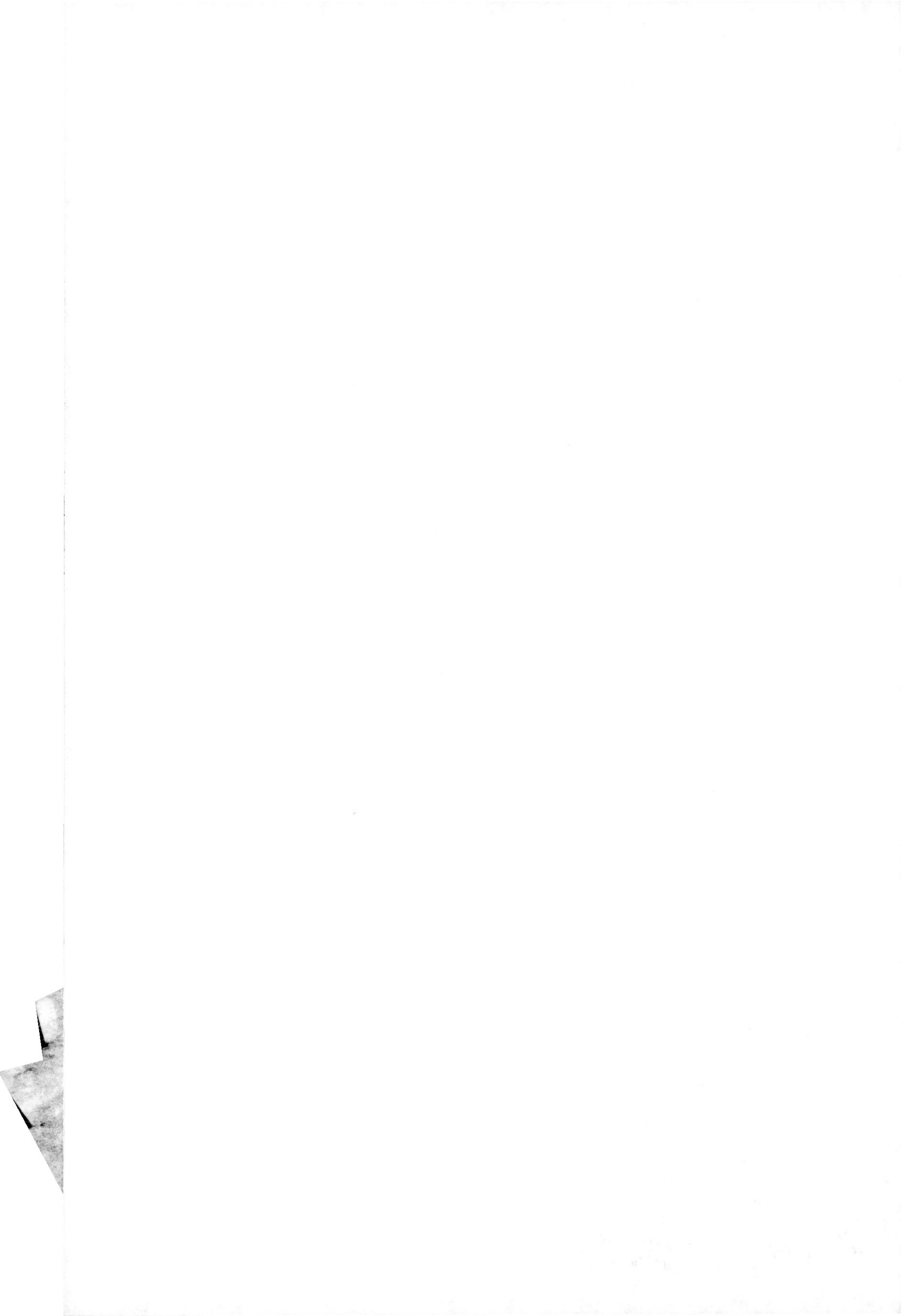

www.ingramcontent.com/pod-product-compliance
Lightning Source LLC
LaVergne TN
LVHW010622110826
845149LV00003B/1019

* 9 7 8 2 0 1 2 7 3 2 3 9 1 *